AF448649

L'autore e tutti coloro in qualche modo coinvolti nella preparazione e/o pubblicazione di quest'opera, hanno posto ogni attenzione per garantire che le informazioni ivi contenute siano accurate e complete in ogni loro parte, compatibilmente con le conoscenze disponibili al momento della stampa. Essi tuttavia, non possono essere ritenuti responsabili di eventuali errori, omissioni o dei risultati ottenuti dall'utilizzo inappropriato di tali informazioni.

Edizioni RescuEducation®©
2020– Copyright

Grafica copertina
Sergio Baxter

Editing
Riccardo Crisma

ISBN 979-12-200-6146-9

Fabrizio Carta

Stato due

Pronto soccorso giuridico per soccorritori

"Non chi lo dice...ma dove sta scritto"

A Pepita

Premessa

Negli ultimi vent'anni il soccorso extra-ospedaliero ha avuto uno sviluppo paragonabile solo a quello di pochi altri settori. Questo è stato certamente favorito da una nuova coscienza sanitaria legata a costi sociali, normative comunitarie e "semplice" attenzione alle persone in quanto tali.

Per molti anni la preoccupazione primaria di diversi operatori nel settore sanitario, e non solo (amministratori, medici, cittadini etc.), era quella di garantire (da una parte) e di beneficiare (dall'altra) delle migliori cure possibili all'interno degli ospedali. Tutte le forze in campo, dunque, tendevano a confluire nell'unico risultato che, in quel momento storico, si pensava fosse quello primario.

Ma c'era un problema di non poco conto: non ci si era mai preoccupati, o quasi, di considerare l'altro aspetto della vicenda, ovvero quello di come ed in che modo il paziente arrivava in ospedale. Si saltava cioè un gradino della scala di intervento, dando per scontato che il paziente fosse già presso la struttura sanitaria. Tutto ciò non muoveva certamente a favore di coloro che necessitavano di un soccorso urgente e che, ovviamente, si trovavano al di fuori di una struttura ospedaliera.

Difficile pensare che le persone si sentissero male ed avessero necessità di cure solo all'interno di un ospedale!

Di pari passo, ovviamente, si è evoluta anche la figura del soccorritore e delle Associazioni di Volontariato, delle Cooperative, Società etc. che hanno visto cambiare radicalmente il loro ruolo giuridico-sanitario.

Da tutto ciò si è venuto a creare nel tempo, una sorta di parallelismo che vede: da una parte le esigenze di un soccorso sempre più evoluto e mirato al miglior trattamento del paziente, in termini di tecniche operative; dall'altra l'utilizzo di presidi che permettano un soccorso funzionale e che in qualche modo agevoli il lavoro del soccorritore, anche per quanto attiene i profili di responsabilità.

Ciò che non deve (dovrebbe) cambiare nel tempo è l'aspetto più umano nella gestione dell'evento, e dunque l'assoluta e primaria attenzione che si DEVE (dovrebbe) avere e sentire nei confronti del paziente, ma questo, tuttavia, è un apprezzamento del tutto soggettivo che nessuna legge potrà mai imporre.
Nella presente esposizione si eviterà di fare una sterile elencazione di Leggi ed articoli ad esse correlati (tranne pochissimi ed indispensabili casi), poiché non si ritiene utile alla comprensione della materia trattata già di per sé abbastanza complessa e particolare.
In questo lavoro NON verranno analizzate le figure giuridiche dei medici ed infermieri impegnati nel soccorso extra-ospedaliero.

EVOLUZIONE GIURIDICO- SANITARIA DEL SOCCORSO

Si può affermare che il primo cambiamento radicale a livello normativo, cioè quello che segna la fine di un'era con l'inizio di una nuova, sia da attribuire al Decreto del Presidente della Repubblica[1] che istituisce il "118" Sistema di emergenza.

In questo provvedimento viene disegnata la struttura portante del sistema di emergenza sanitaria, dandogli "carattere di uniformità in tutto il territorio nazionale".

Le basi sulle quali poggia questa nuova architettura operativa sono individuate nei successivi articoli, di cui si fa un brevissimo cenno:

- *Un sistema di allarme sanitario rappresentato, ex art. 3, dal numero unico nazionale 118. Le richieste di emergenza vengono gestite dalle singole centrali operative territorialmente competenti al fine di coordinare ed organizzare gli interventi nell'ambito territoriale di riferimento.*
- *Le centrali, operative 24 ore al giorno, sono sotto la responsabilità medico-organizzativa di un medico ospedaliero e si avvalgono delle competenze operative di personale infermieristico appositamente addestrato, nonché di competenze mediche di appoggio (art.4).*
- *Un sistema di accettazione e di emergenza sanitaria, dato da un servizio di pronto soccorso e da un dipartimento di emergenza. Il primo*

---

[1] *D.P.R. del 27 marzo 1992 n. 41: "Atto d'indirizzo e coordinamento alle regioni per la determinazione dei livelli di assistenza sanitaria di emergenza"*

deve assicurare, come statuito al primo comma dell'art. 7, "oltre agli interventi diagnostico-terapeutici di urgenza compatibili con le specialità di cui è dotato, almeno il primo accertamento diagnostico, clinico, strumentale e di laboratorio e gli interventi necessari alla stabilizzazione del paziente, nonché garantire il trasporto protetto".

- *Il dipartimento di emergenza deve assicurare, oltre alle attività di pronto soccorso, anche interventi diagnostico-terapeutici di emergenza medici, chirurgici, ortopedici, ostetrici e pediatrici, osservazione breve, assistenza cardiologica e rianimatoria (art.8).*

Dalla lettura dei punti su indicati, emerge chiaramente la mancanza di un qualunque cenno alla figura del soccorritore[2]. Questa carenza risulta essere davvero macroscopica, considerando che i soccorritori sono l'asse portante di tutto quello che concerne la quotidianità degli interventi di emergenza ed urgenza extra-ospedalieria. Nel territorio nazionale gli interventi effettuati dalle Associazioni di Volontari arrivano a circa l'81%!
Tale carenza trova ragione, verosimilmente, nella mancanza di interesse che da sempre alcuni settori della Pubblica Amministrazione hanno avuto nei confronti del settore dell'emergenza e, cosa assai più probabile, nella mancanza di competenze in materia.
Basti sottolineare che l'unica disciplina normativa prevista per i soccorritori, o meglio per i volontari, era la Legge 11 agosto 1991 n.266 (promulgata

---

[2] *In questa disamina sempre inteso quale Soccorritore facente parte di un'Associazione (Cooperativa – Società etc.) e non di chi genericamente soccorre.*

dunque ancora prima di quella del "118") che si compone di soli 17 articoli. Questa legge è stata poi sostituita dal Decreto Legislativo 3 luglio 2017, n. 117, dove si parla molto di volontariato ma poco di volontari, tranne che nell'art. 17.

IL SOCCORRITORE

CHI PUÒ DEFINIRSI SOCCORRITORE

Come accennato in precedenza la normativa che istituisce il sistema 118 non fa nessun riferimento alla figura del soccorritore e questa carenza la si deve ad un fattore culturale, unito all'interesse di demandare l'attuazione della nuova normativa alle Regioni e Province autonome.

Le linee guida stilate dalle Regioni non hanno però, sino ad oggi, saputo tratteggiare distintamente la figura del soccorritore. Queste, difatti, individuano come soccorritore-esecutore: *colui che ha partecipato agli appositi corsi di formazione erogati da centri a ciò preposti ed autorizzati e che, al termine di tale percorso professionalizzante, abbia conseguito la relativa certificazione.*

Tale definizione, tuttavia, non soddisfa appieno quelle che sono le esigenze giuridiche del soccorritore[3], legate essenzialmente ad una legittimazione e ad un riconoscimento normativo, in considerazione del fatto che le certificazioni anzidette le possono ottenere anche coloro che non svolgono servizio di soccorso 118.

La legge in argomento però ha modificato un aspetto meno evidente, forse, ma altrettanto

---

[3] *In diverse linee guida regionali si utilizza la definizione generica e universale "personale laico soccorritore".*

significativo legato ad una profonda trasformazione del volontario impegnato nel soccorso.

Si assiste ad una trasformazione nel ruolo e nel modo di rapportarsi con il sistema di soccorso. Per meglio precisare: il volontario rimane tale nel rapporto esistente con l'associazione (cooperativa) di appartenenza, ma questa diventa a sua volta un soggetto autonomo la cui finalità è "semplicemente" quella di fornire un servizio rapportandosi con altri Enti.

Il volontario cioè rimane tale solo nei confronti della sua Associazione, mentre questa invece assume un ruolo giuridicamente riconosciuto poiché firma una convenzione con un ente pubblico.

Si aggiunga anche che con l'entrata in funzione del sistema 118 molte Associazioni di Volontariato hanno perso la loro identità iniziale, tanto che ora in alcune convezioni si parla di Associazioni di Soccorso.

Entrando nello specifico diverse Regioni, oltre a quanto previsto dalla Costituzione[4], comprendendo molto bene la portata della delega ricevuta e soprattutto la necessità reale e pressante che riveste il ruolo del soccorritore, hanno legiferato. Tra le altre possiamo citare la Basilicata e il Piemonte.

La prima ha emanato una legge[5] nella quale si dava un pieno riconoscimento all'autista

---

[4] *Art. 117 Costituzione: "La potestà legislativa è esercitata dallo Stato [...] e dalle Regioni nel rispetto della Costituzione, nonché dei vincoli derivanti dall'ordinamento comunitario e dagli obblighi internazionali.*

[5] *Legge Regionale n.37 dd. 13.11.2009 - "Norme in materia di riconoscimento della figura professionale di autista soccorritore".*

soccorritore che, tuttavia, per poter svolgere il servizio doveva frequentare un apposito corso, identico a quello riservato ai soccorritori.

Interessante notare come il percorso formativo ricalcasse appieno quelle che sono le competenze ed i compiti riconducibili direttamente allo svolgimento delle professioni sanitarie. Per meglio chiarire: *"capacità di riconoscere le principali alterazioni alle funzioni vitali attraverso la rilevazione di sintomi e di segni fisiologici", "la conoscenza delle procedure da adottare in caso di TSO (trattamento sanitario obbligatorio), il supporto al personale responsabile della prestazione sanitaria e agli altri operatori dell'equipaggio per la "liberalizzazione delle vie aeree, il mantenimento della temperatura corporea, il mantenimento delle funzioni vitali e la defibrillazione effettuata a mezzo DAE (defibrillatore semiautomatico esterno) o per "le procedure diagnostiche e la stabilizzazione del paziente sul luogo dell'evento*[6]*"*.

La precisione nella descrizione delle competenze è indubbia, l'unico problema è che contrasta con la previsione dell'art.1 - Legge 43/2006[7], secondo il quale *"sono professioni sanitarie infermieristiche, ostetriche, riabilitative, tecnico-sanitarie e della prevenzione, quelle previste ai sensi della Legge 08/2001 n. 251*[8]*, i cui operatori svolgono, in forza*

---

[6] *Art. 5 L.R. 37/2009.*

[7] *Disposizioni in materia di professioni sanitarie infermieristiche, ostetrica, riabilitative, tecnico-sanitarie e della prevenzione e delega al Governo per l'istituzione dei relativi ordini professionali.*

[8] *Disciplina delle professioni sanitarie infermieristiche, tecniche, della riabilitazione, della prevenzione nonché della professione ostetrica.*

di un titolo abilitante rilasciato dallo Stato, attività di prevenzione, assistenza, cura o riabilitazione".
Questa identità di percorso non poteva passare inosservata anche perché rappresentava un conflitto tra normative esistenti, sulle quali vige una vincolante gerarchia delle leggi.
Tale problematica ha trovato soluzione grazie alla Consulta[9] che con la sentenza n. 300 del 2010 ha dichiarato la illegittimità costituzionale della Legge della Regione Basilicata, perché in contrasto con l'art. 117[10] della Costituzione. La sentenza recita: *"poiché questa [Legge Regionale], individuando una nuova professione sanitaria non prevista dalla legislazione statale, viola il principio più volte affermato [...] secondo il quale l'individuazione delle figure professionali, per il suo carattere necessariamente unitario, spetti allo Stato; rientrando nella competenza regionale disciplinare gli aspetti che presentano un collegamento specifico con la realtà della singola Regione"*.
Altro esempio, oltre alla Regione Basilicata, è quello delle Regione Piemonte che nel 2010 ha presentato un progetto[11] teso al riconoscimento della figura del soccorritore professionale.
Il progetto in esame prevede che il soccorritore, dopo aver svolto il l'apposito corso, possa

---

[9] *La Corte costituzionale della Repubblica italiana, chiamata informalmente anche con il nome di "Consulta," è un organo che ha il compito di porre giudizio, tra l'altro, sulle problematiche che ruotano attorno alla legittimità costituzionale delle leggi "e degli atti aventi forza di legge, dello Stato e delle Regioni".*

[10] *La potestà legislativa è esercitata dallo Stato [70 e segg.] e dalle Regioni nel rispetto della Costituzione, nonché dei vincoli derivanti dall'ordinamento comunitario e dagli obblighi internazionali.*

[11] *Progetto Legge Regionale n. 50 dd. 26.07.2010 della Regione Piemonte.*

svolgere tutta una serie di attività proprie del soccorso extra-ospedaliero che vanno dalla collaborazione con altri mezzi di soccorso, alla effettuazione di manovre di mobilizzazione o ancora allo svolgimento di funzioni di capo equipaggio.

Sia nella legge della Basilicata quanto in quella del Piemonte si possono rilevare diversi elementi in comune, uno tra tutti l'acquisizione di un titolo qualificante così da rendere la figura del soccorritore autonoma. Ma questo vuole anche dire che i vizi di una legge si ripercuotono logicamente anche nell'altra e tutto ciò porterebbe, nel caso di un ricorso, ad un'altra bocciatura da parte della Consulta.

Per completezza e per chiarire ancora meglio il quadro della situazione è importante citare quanto elaborato dalla Regione Lombardia, che in una delibera[12], tendente a regolare la materia in questione, non parla mai apertamente di soccorritore professionale, o professionista, ma di fatto ne tratteggia perfettamente il ruolo ed i compiti. Nel paragrafo riservato alla composizione dell'equipaggio infatti, pur facendo riferimento a *"soccorritori non sanitari"*, viene specificato che si tratta di operatori *"certificati"*.

Anche in questa delibera vengono indicate le modalità del corso che ha una durata di 120 ore e nel quale vengono fornite nozioni di fisiologia, rianimazione cardiopolmonare, mobilizzazione e trauma, defibrillazione precoce attraverso DAE semiautomatici, trattamento e relazione con il paziente psichiatrico, aspetti medico-legali del soccorso e trattamento sanitario obbligatorio (TSO).

---

[12] *IX/19645 06.07.2011.*

Anche in questo caso, giusto per riprendere le parole della sentenza della Consulta, *vengono fornite al personale laico soccorritore* - definizione questa sulla quale occorrerebbe argomentare- *nozioni relative a capacità e competenze proprie del personale sanitario*, cosi come indicato nella già citata Legge 43/2006.

La Giunta regionale lombarda pur avendo cercato una soluzione al problema, cambiando la terminologia, di fatto è ricaduta negli stessi errori già evidenziati nelle normative lucane e piemontesi sopra citate.

La verità è che la normativa ha necessità di una struttura di Legge più complessa che non si basi solo su una sfuggente definizione di soccorritore (laico!) certificato.

Infine, è giusto precisare che è competenza dello Stato centrale definire i profili di nuove figure professionali, stante la necessità di garantire uniformità su tutto il territorio nazionale. Alle Regioni viene riservato uno spazio minimo nel quale poter agire, disciplinando gli aspetti prossimi alle specifiche esigenze e realtà locali.

SITUAZIONE REGIONALE - SARDEGNA

La Regione Sardegna non si discosta da quanto indicato in precedenza e più in generale si può affermare che sono fatte proprie tutte le normative in materia di soccorso, così come il Documento della Conferenza Stato Regioni del 2003.

Il provvedimento principale sul quale si basa il servizio di soccorso è la delibera 41/18 datata 17.10.2007, all'interno della quale viene regolamentato, in maniera assolutamente generica, il rapporto tra la Regione, Asl e Associazioni/Cooperative/Società impegnate nel sistema 118. È solo nell'allegato[13] della stessa delibera che vengono specificati, nel dettaglio, tutti gli aspetti che attengo al soccorso nonché la definizione di chi attivamente partecipa allo stesso. Anche in questo caso la Regione Sardegna, pur non utilizzando lo strumento della Legge, si allinea alla terminologia usata da altre Regioni facendo riferimento *all'autista soccorritore* ed al *soccorritore*[14] specificandone i requisiti, senza però dare una collocazione giuridica a queste figure.

In realtà nella convenzione e nelle normative regionali, si usano diversi sostantivi per indicare tutti coloro che sono impegnati nel soccorso: "*operatori, personale volontario, volontario, personale non medico, personale non sanitario*" oltre ai già citati soccorritori ed autisti soccorritori, lasciando pertanto spazio a varie interpretazioni e qualche dubbio circa la volontà iniziale del legislatore.

Per la Regione Sardegna è soccorritore[15] che colui che possiede i seguenti requisiti:

a. *conoscenza delle tecniche di primo soccorso, di rianimazione cardiopolmonare (BLSD) e soccorso del paziente traumatizzato (BTLS) attestate dalla Centrale Operativa. In fase transitoria, fino al completamento del programma formativo organizzato dai Comitati di Gestione delle C.O., le associazioni possono avvalersi di soccorritori in possesso di attestazione di frequenza e superamento di*

---

[13]*Allegato alla Delibera G.R. n. 41/18 dd. 17.10.2007 "Convenzione per le attività di soccorso".*

[14]*Art.5 – Requisiti del personale volontario (Del. G.R. 41/18 dd. 17.10.2007)*

[15] *Art. 5 comma 3°- Requisiti del personale volontario - Convezione per le attività di soccorso.*

corsi BLSD e BTLS effettuati nel rispetto di standard certificati IRC[16]. Sempre in fase transitoria è consentito il convenzionamento delle associazioni che assicurano almeno un operatore in possesso di BLSD per equipe;

b. *età minima 19 anni, (con almeno un anno pregresso in affiancamento), età massima 65 anni (sono previste deroghe);*

c. *attività di soccorso prestata nelle organizzazioni di volontariato da almeno sei mesi.*

Il disposto su indicato è molto preciso ma lascia qualche dubbio e qualche perplessità circa il significato della cd. *fase transitoria,* che risulta strettamente legata ai tempi del programma formativo da parte della Centrale Operativa 118 (da questo momento abbreviata in C.O 118). L'una finisce quando comincia l'altro ma, logicamente, il presupposto è che ci sia un programma che preveda una formazione continua, con cadenze temporali precise poiché previste da norme di Legge sulle quali non si può derogare (es. retraining DAE - BLSD[17]). Ad *contrarium,* così come del resto indicato in convenzione, per essere soccorritori, fatte salve alcune specificità, basta essere in possesso di certificazioni ottenute *nel rispetto di standard certificativi riconosciuti.*

In ultima analisi, e per completezza narrativa, si segnala una proposta di Legge presentata al

---

[16]*IRC (Italian Resuscitation Council), Gruppo Italiano per la Rianimazione Cardiopolmonare, nasce nell'ottobre del 1994 con lo scopo primario di diffondere la cultura e l'organizzazione della rianimazione cardiopolmonare in Italia. L'associazione coinvolge medici di diverse discipline e infermieri attivamente impegnati nel settore della rianimazione cardiopolmonare intra ed extra ospedaliera. L'attività di IRC si integra con quella di analoghe associazioni italiane e straniere e in modo particolare con quella dell'European Resuscitation Council.*

[17] *Legge 8.11.2012, n.189 e precedenti.*

Consiglio Regionale nel 2010[18], nella quale viene richiesta l'*Istituzione della figura professionale di autista soccorritore.*

Allo stato attuale non si conosce l'iter della proposta che, verosimilmente e visto il tempo trascorso, ha oramai perso valore e comunque occorre sottolineare che ricalcava, nelle sue linee principali, la legge della citata Regione Basilicata. Pertanto, anche qualora la proposta fosse diventata Legge la sua "fine" era già segnata dal carattere di anticostituzionalità".

LA FIGURA GIURIDICA DEL SOCCORRITORE

Per quanto attiene alle manovre da effettuarsi in caso di soccorso, non esistono differenze pratiche tra il Soccorritore occasionale ed il Soccorritore in servizio 118, queste sussistono, semmai, per quanto riguarda gli obblighi giuridici.

Entrambi sono chiamati a rispondere degli eventuali danni cagionati, a cose o persone, in ragione di un loro comportamento superficiale.

Non esiste nessun criterio distintivo neanche tra il soccorritore volontario e quello professionale, ovvero quello con contratto di lavoro[19]. A questi ultimi, difatti, non viene riconosciuto per contratto lo status di soccorritore né, di conseguenza, alcun tipo di indennità per la loro maggior esposizione a rischi biologici, infettivi e, più in generale, lesivi della loro incolumità[20]

Giusto però precisare che il soccorritore in servizio 118 può incorrere in problemi di rilevanza penale ben più gravi rispetto a quello "occasionale".

---

[18] *Proposta di Legge n. 134 dd. 17.10.2010 "Istituzione della figura professionale di autista soccorritore".*

[19] *Anpas Contratto Collettivo Nazionale Di Lavoro.*

[20] *Fatto salvo quanto previsto dal D.lgs 81/08 Sicurezza in materia di salute e luoghi di lavoro.*

Come accennato, la normativa attuale non regolamenta la figura del soccorritore in quanto tale e non ne definisce il suo ruolo giuridico, per questo motivo occorre rifarsi al Codice Penale ed alla dottrina (studiosi del diritto) che, pur in maniera assolutamente generica, forniscono una cornice giuridica nella quale poter circoscrivere la figura del soccorritore in servizio 118, qualificandolo come *"incaricato di pubblico servizio"*

Si parla, nello specifico, dell'art. 358 Codice Penale che definisce *"incaricati di pubblico servizio" tutti coloro che svolgono un'attività disciplinata nella stessa forma della pubblica funzione* (quella dei Pubblici Ufficiali che hanno mansioni autoritative e certificative), *ma caratterizzata dalla mancanza dei poteri tipici di quest'ultima* (es. il soccorritore può chiedere le generalità al paziente, ma non ha il potere di verificarle facendosi consegnare il documento di identità).

Anche la suprema Corte di Cassazione è intervenuta diverse volte sull'argomento sancendo che non importa se il soccorritore (Associazione) svolge un'attività a favore o in riferimento ad un ente pubblico o privato, <u>l'importante è che l'attività svolta sia di carattere pubblico - interessi cioè la popolazione</u>[21]

È importante che si agisca sotto il controllo o l'autorizzazione di un ente pubblico e le Associazioni di Pubblica Assistenza svolgono la loro opera in convenzione con il Servizio Sanitario Nazionale (presenza di una convenzione e/o una concessione con una Pubblica Amministrazione).

---

[21] *Giurisprudenza costante.*

Il Soccorritore volontario è I.P.S.[22] dal momento in cui "entra in servizio" e tale qualifica dura fino al termine del turno del servizio medesimo, a seconda degli orari stabiliti dalla Associazione (comunicazione alla C.O.). In proposito la convenzione[23] l'AREUS e le Associazioni di Volontariato / Cooperative Sociali ONLUS, specifica che occorre comunicare i nominativi dei soccorritori che compongono l'equipaggio.

DIRITTI E DOVERI DELL'INCARICATO DI PUBBLICO SERVIZIO

Stabilito che il soccorritore 118 è un IPS, occorre quindi capire quali siano i contorni giuridici di questa attribuzione. In realtà l'unica prerogativa rappresentata da tale qualifica è data da un'aggravante specifica, che comporta un aumento di pena fino ad un terzo per tutti coloro che compiono un reato a danno di IPS.

Decisamente differente è l'aspetto che attiene i doveri del Soccorritore IPS anche perché, oltre ad essere in numero certamente superiore, hanno la particolarità di dover essere rispettati.

1. *Obbligo di denuncia di qualunque fatto o situazione che abbia le caratteristiche del reato perseguibile d'ufficio (cioè direttamente senza querela della parte offesa - es. il reato di maltrattamenti in famiglia), a differenza del semplice cittadino che ha l'obbligo di denunciare solo i delitti contro la personalità dello Stato.*

2. *Obbligo del segreto d'ufficio o segreto professionale (segreto inteso come notizia che se divulgata produrrà un danno alla persona interessata o ad un suo familiare - diversa è la*

---

[22] *Incaricato di Pubblico Servizio.*
[23] *Allegato alla Del.G.R. n 9/35 del 22.2.2019 – Art. 5 punto 2.*

trasmissione a colleghi o a titolo di esempio nelle lezioni).

La legge 675/96[24] (tutela della privacy) e il GDPR[25] delineano quali siano i cosiddetti dati sensibili che non possono essere trattati (trasmessi, divulgati ecc.) senza il permesso dell'interessato (i quali devono essere mantenuti "privati" dal Soccorritore, che ne viene a conoscenza in funzione del suo servizio).

Il soccorritore ha comunque sempre l'obbligo della discrezione, sia durante che dopo il servizio ma è obbligato a divulgare il segreto solo se interrogato dall'Autorità Giudiziaria (a differenza dei medici).

RESPONSABILITA' DEL SOCCORRITORE

È opportuno fare una brevissima precisazione sulla differenza esistente nel modo di "compiere un'azione e/o una omissione".

Quotidianamente tutti noi compiamo delle azioni che, a seconda della volontà con cui agiamo, giuridicamente vengono definite:

- *Dolose.*

- *Colpose.*

Per quanto attiene quelle dolose, si può affermare che in questa categoria vengono comprese tutte quelle azioni od omissioni che noi eseguiamo coscienti di volerle realizzare (es. scrivere, bere).

Nel secondo caso secondo siamo di fronte ad azioni od omissioni che pur essendo state

---

[24] *Art. 22: "i dati personali idonei a rivelare l'origine razziale ed etnica, le convinzioni religiose, filosofiche o di altro genere, le opinioni politiche, l'adesione a partiti, sindacati, associazioni od organizzazioni a carattere religioso, filosofico, politico o sindacale, nonché i dati personali idonei a rivelare lo stato di salute e la vita sessuale...omissis..".*

[25] *Regolamento Ue 2016/679, noto come GDPR (General Data Protection Regulation).*

realizzate da noi, di fatto vanno contro la nostra intenzione (es. la caduta di un bicchiere dalle mani).

Le cause della colpa possono essere generiche:

- *Negligenza*: omesso compimento di un'azione che abbiamo il dovere di compiere (es. non partire per un intervento nei tempi previsti etc.).

- *Imprudenza*: inosservanza di un divieto assoluto di agire o di un divieto di agire secondo determinate modalità (es. agire quando la scena non è sicura, oppure non indossare i dispositivi di protezione individuale etc.).

- *Imperizia*: si intende la preparazione scadente, sia dal punto di vista scientifico che della manualità, incompatibile con il livello minimo di cognizione tecnica e di esperienza indispensabile per l'esercizio dell'attività svolta (es. non saper fare una emostasti, oppure immobilizzare in modo errato il paziente etc.)

In questa analisi si ritiene superfluo parlare di azioni dolose, anche perché durante un soccorso è davvero difficile pensare ad un soccorritore che compia, volutamente, delle azioni che provochino lesioni ad un paziente.

Le ipotesi di responsabilità a carico di un soccorritore si possono suddividere in tre specie:

- *Penale*: è considerato reato ogni atto o comportamento che viola la legge penale e contro il quale è prevista una sanzione. Come detto in precedenza il comportamento può essere doloso o colposo.

- *Civile*: la responsabilità civile è conseguente alla violazione del dovere del rispetto altrui nella vita di relazione, ed impone di risarcire economicamente colui che è rimasto danneggiato.

- *Disciplinare*: riguarda la violazione di norme interne come ad esempio quelle dello Statuto e/o del Regolamento.

Per concretizzarsi una qualsiasi responsabilità da parte del soccorritore devono sussistere, generalmente, tre condizioni:

1. La presenza di un atto illecito o di un fatto doloso o colposo.
2. L'esistenza di un danno alla persona (paziente).
3. Il nesso causale, cioè il legame che unisce il comportamento del soccorritore con l'evento che produce il danno.

Detto questo si potrebbero elencare una serie di reati nei quali il soccorritore può incorrere durante un intervento o semplicemente per il fatto di essere in turno 118, ma come detto in premessa appare una cosa superflua e decisamente improduttiva. Occorre semmai non dimenticare di adottare quei comportamenti che si inquadrano sempre nei canoni dell'osservanza di quelle poche e semplici regole che partono dal rispetto e dall'educazione. Certo non sempre questo è sufficiente ma è pur vero che risulta essere una buona base per ogni tipo di soccorso.

Volendo in ogni caso inquadrare alcune ipotesi di reato nelle quali, con maggiore facilità, il soccorritore rischia di incorrere allora si possono menzionare due illeciti:

- *Esercizio abusivo della professione medica.*

  Ciò vuol dire che il soccorritore non può in alcun modo sostituirsi al medico (infermiere) in quelle manovre che sono di loro esclusiva pertinenza; così come non si può fare nessun tipo di diagnosi. Per il soccorritore ogni tipo di patologia deve essere sempre sospetta.

- *Omicidio o lesioni personali derivanti da comportamento doloso o colposo.*

- _Omissione in atti d'ufficio_[26]: il soccorritore non può cioè indebitamente rifiutare un atto del proprio ufficio (soccorso), che deve essere compiuto senza ritardo.

Risulta evidente, per assurdo, come non sia poi così difficile violare le ipotesi su indicate e tale eventualità è data proprio dalla particolarità del servizio che il soccorritore è chiamato a compiere. Tuttavia, in concreto, il comportamento dei soccorritori è oramai codificato grazie ai protocolli operativi e linee guida che, almeno in parte, impediscono la violazione delle norme citate. Su questo si avrà modo di argomentare in seguito.

LO STATO DI NECESSITA' COME SCUSANTE

Come scritto in precedenza le responsabilità penali del soccorritore, qualora realizzi un comportamento contrario alla legge, sono molto ben delineate e così le eventuali pene che ne conseguono.

Il Soccorritore, però, in alcuni casi (espressamente previsti) può adottare dei comportamenti che, al di fuori della situazione di soccorso, sarebbero considerati reato e cioè _contra legem_.

Quanto detto è possibile grazie ad un articolo del Codice Penale che prevede una sorta di "giustificazione" a quel tipo di comportamento.

Parliamo dell'art. 54 – Stato di necessità - che recita: _« Non è punibile chi ha commesso il fatto per esservi stato costretto dalla necessità di salvare sé o altri dal pericolo attuale di un danno grave alla persona, pericolo da lui non volontariamente causato, né altrimenti evitabile, sempre che il fatto sia proporzionato al pericolo»._

---

[26] _Art. 328 Codice Penale._

L'esempio più classico per un soccorritore è dato da una situazione di assoluto pericolo nella quale occorre applicare la manovra di emergenza e dalla cui esecuzione su un paziente traumatico, si possono cagionare danni permanenti e rilevanti. Logicamente in una condizione di soccorso "normale" su un paziente traumatico si adotterebbero tutte misure necessarie al fine di evitargli ulteriori problemi, oltre a quelli già presenti.

Nel caso invece ricorrano le condizioni previste dall'articolo in questione, al soccorritore non verrà mossa alcuna accusa, perché il suo comportamento è motivato da una situazione di pericolo (o grave danno) che può riguardare sia lo stesso soccorritore, che il paziente.

Bisogna però ricordare che l'uso di attrezzi, nonché la messa in pratica di particolari manovre, diventano lecite solo se la situazione lo richieda realmente e/o se l'emergenza ci autorizza a non seguire i protocolli e/o le linee guida prestabilite.

Il comportamento differente dalle normali regole deve comunque essere sempre proporzionato alle effettive necessità e, quando possibile, concordato con la C.O.118, specialmente quando si ha la certezza di andare oltre ogni regola stabilita.

RESPONSABILITA' SUL PAZIENTE

È questa una parte del soccorso, inteso sempre a livello giuridico, spesso molto dibattuta e che, come poche tematiche, si presta alle più disparate interpretazioni alcune delle quali davvero fantasiose.

Occorre quindi fissare dei capisaldi circa la responsabilità concreta del soccorritore/equipaggio nei confronti del paziente.

È logico nei fatti dedurre e stabilire che la responsabilità sul paziente inizi con l'arrivo sul luogo dell'evento e dunque non appena si stabilisce un contatto con lo stesso. Anche il momento in cui questa responsabilità termina è decisamente chiaro e preciso:
- Con la firma del paziente che attesti il suo rifiuto al soccorso.
- Con la firma del tutore, nel caso di paziente interdetto, che attesti il rifiuto al soccorso.
- Con la dichiarazione di un medico intervenuto che attesti per iscritto la non necessità del ricovero.
- Con la presa in carico del paziente da parte di una MSA (Mezzo di Soccorso Avanzato).
- Con l'affidamento del paziente ai medici o al personale sanitario del Pronto Soccorso (triage).

<u>Attenzione</u>: per consegna non si deve intendere solo il mero atto materiale ma, anche e soprattutto, vuole dire comunicare al medico e/o all'infermiere che prende in consegna il paziente tutte le notizie cliniche ed i segni oggettivi ed obiettivi.

Può capitare che sul luogo dell'intervento sia casualmente presente un medico e/o infermiere: una volta qualificatosi egli ha diritto/dovere di prendere il controllo della situazione e i Soccorritori non potranno ostacolarlo nella sua opera, anche se questo, poco esperto delle attrezzature dell'ambulanza, compie manovre che appaiono non appropriate al caso.

In queste situazioni il Soccorritore può rifiutarsi di compiere tutte quelle manovre che, anche se ordinate dal medico e/o dall'infermiere, non sono di sua competenza (es. ricerca di un accesso venoso).

Il medico, sulla cui presenza si sarà provveduto ad avvisare la C.O.118 e con la quale lo stesso dovrà aver colloquiato, deve essere invitato a salire sull'ambulanza e a portare a termine il soccorso fino all'arrivo in ospedale. Sul verbale di intervento sarà cura del Capo Servizio trascrivere le generalità del medico ed eventualmente le manovre da questo compiute.

Tali informazioni assumono un valore aggiunto nel caso in cui il medico e/o l'infermiere si rifiuti di salire sull'ambulanza o comunque nel caso in cui egli, dopo aver effettuato manovre sul paziente, si allontani dal luogo dell'evento.

Occorre infine <u>ricordare sempre</u> che l'unico interlocutore del soccorritore rimane la C.O.118 di competenza, alla quale vanno riferite tutte quelle informazioni e quelle situazioni che accadono durante il soccorso. Quanto appena detto assume una duplice veste: la prima è quella fornire un soccorso efficiente e preciso. La seconda è quella di tutelarci giuridicamente visto che le comunicazioni con il 118 vengono registrate.

RESPONSABLITÀ NEL TRASPORTO

È una fase del soccorso che rappresenta la somma di tutte le componenti professionali intervenute e che pertanto deve essere coordinata attentamente: autista, equipaggio. È loro compito controllare che tutto e tutti siano assicurati da idonei sistemi di ritenuta, collaborando, ognuno per la parte di competenza, affinché il paziente non riporti danni (oltre a quelli già patiti) in caso di sinistro.

Spesso si registrano incidenti stradali, con gravi danni ai trasportati, perché non si è fatto uso delle cinture di sicurezza e, cosa assai più grave sotto un profilo giuridico, il paziente non era stato assicurato correttamente ai presidi utilizzati.

Da segnalare anche danni riportati a causa di oggetti non opportunamente vincolati (borse, apparecchiature elettromedicali, presidi etc.) che, a seguito dell'energia causata dal sinistro, si sono trasformati in pericolosi e dannosi "proiettili".

Tralasciando il disposto normativo sull'utilizzo delle cinture di sicurezza previsto dal nostro codice della strada, e su cui si avrà modo di argomentare in altra disamina, occorre concentrare la nostra attenzione sulla sicurezza del paziente, che risulta essere sempre interdipendente con la nostra responsabilità nei suoi confronti.

Il paziente deve essere vincolato ai sistemi di ritenuta e, nel caso sia immobilizzato sui presidi, questi ultimi devono a loro volta essere vincolati sulla barella autocaricante.

Se dovessero ancora albergare dei dubbi in merito, risulta interessante riportare quanto previsto dalla normativa europea UNI EN1789:

"Ogni persona ed oggetto trasportato deve essere fissato al mezzo ed in grado di restare dove si trova anche se sottoposto ad accelerazioni o decelerazioni fino a 10G (10 volte il proprio peso in tutte le direzioni)".

Per quanto attiene alla responsabilità più strettamente "sanitaria", vale quanto già indicato in precedenza in termini di compiti demandati al soccorritore.

Responsabilità in camera calda - sala barelle

Negli organi di stampa, molto frequentemente, vengono riportate notizie di ambulanze bloccate nei Pronto Soccorso, a causa della carenza di barelle sulle quali trasferire il paziente. In alcune Regioni è cosa quotidiana, in altre il problema non esiste e in altre ancora il problema di registra solo (e sempre!) in alcuni Pronto Soccorso.

Dal punto di vista del soccorritore, la questione può assumere la forma di lunghe ore di attesa, nella speranza che il paziente (anch'egli in attesa sulla barella autocaricante) venga poi trasferito su una barella del presidio ospedaliero e/o fatto entrare in una medicheria per la visita occorrente.

È giusto però, in questa sede, focalizzare l'attenzione su quello che è previsto e non su quanto avviene quasi quotidianamente.

In primo luogo, appare chiaro che il soccorritore, facente quindi parte del "*settore*" extraospedaliero, non abbia alcuna competenza né potere all'interno di una struttura intraospedaliera. Diversi sono i protocolli, le esigenze, gli obbiettivi ed i presidi utilizzati.

Questa differenziazione è utile per determinare anche i compiti che interessano il personale addetto al Pronto Soccorso (infermiere triagista, medico etc.) e l'autorità che questi possono esercitare.

Analizzando più attentamente la questione, si può cominciare con il precisare che la barella autocaricante è un presidio di trasporto e non di stazionamento. Ciò vuole dire che il paziente non può stare sull'autocaricante oltre un certo limite di tempo (60minuti max), e che questo non è a discrezione del triagista e/o del medico del Pronto Soccorso, ma di una precisa e puntuale normativa[27].

È questo un aspetto tecnico, molto attinente, che interessa anche quello più squisitamente clinico visto che la permanenza del paziente, oltre il limite

---

[27]*Decreto legislativo 24 febbraio 1997, n 46. - Regolamento 2017/745/UE - Direttiva 93/42/CE.*

imposto, su un presidio di classe 1 (tale è la barella autocaricante, la tavola spinale, la barella a cucchiaio, il materasso a depressione etc.) potrebbe provocargli dei danni.

In relazione alla presunta responsabilità diretta del soccorritore, nei confronti del paziente, in camera calda e/o in sala barelle, si può certamente affermare che non sussiste. Il compito assegnato al soccorritore è quello di gestire il soccorso (scena – presidi da utilizzare – mobilizzazione e immobilizzazione del paziente – trasporto etc.) solo ed esclusivamente in area a lui congeniale e dunque solo ed esclusivamente in quella extraospedaliera.

Ciò non vuole dire che in camera calda/sala barelle il soccorritore sia immune da ogni tipo di responsabilità. Bisogna non dimenticare che il paziente è sempre posizionato su un presidio gestito dal soccorritore e che fino al momento in cui non viene fatto il triage, la responsabilità grava su di lui. Questa termina solo dopo il verificarsi di specifiche condizioni, non sempre chiare.

La più semplice, nonché quella ideale, si concreta nella consegna diretta al triagista del paziente, non prima di aver fornito tutte le informazioni (oggettive e soggettive) a propria conoscenza che lo riguardano.

La seconda è ipotizzabile nel caso in cui il paziente non venga trasferito su una barella del pronto soccorso, ma lasciato sulla barella autocaricante in attesa del proprio ingresso in medicheria, con il *"controllo"* da parte del soccorritore. In questo caso se il soccorritore accetta, anche implicitamente, di vigilare il paziente se ne assume la responsabilità. Per evitare questo si deve comunicare in **maniera chiara, precisa e senza che ci possano essere dubbi interpretativi** al triagista o chi per lui, la propria incompetenza in ambito intraospedaliero, rifiutando ogni tipo di controllo sul paziente. In questo caso l'intero equipaggio lascia la sala barelle o il luogo nel quale si trova il paziente.

In sintesi: *Non è compito giuridicamente riconosciuto al soccorritore extraospedaliero (laico), la vigilanza di un paziente preso in carico da una struttura ospedaliera, all'interno della quale opera personale inserito nella categoria delle professioni mediche.*

Il compito di vigilare[28] sul paziente "triagiato" è unicamente demandato all'infermiere:

*"**Sorvegliare** persone in attesa e rivalutarne periodicamente le condizioni".*

"Rivalutazione del paziente/utente in attesa. Particolare attenzione deve essere posta alla rivalutazione del paziente/utente in attesa, in particolare dei soggetti in condizioni di fragilità e/o disabilità".[29]

---

[28]*G.U. n. 285 del 7 Dicembre 2001 Accordo Stato - Regioni 25/10/2001 Linee - guida sul sistema di Emergenza Sanitaria "Triage intraospedaliero (valutazione gravità all'ingresso).*

[29]*D.M. 15 maggio 1992 del Ministero della Sanità - Gruppo di Lavoro Linee Guida Nazionali Obi - Aggiornamento Linee Guida Triage Ministero Della Salute - AGENAS (Agenzia Nazionale per i Servizi Sanitari) - ACEMNC (Academy Of Emergency Medicine and Care) - ANIARTI (Associazione Nazionale Infermieri di Area Critica) - ANMDO (Associazione Nazionale dei Medici delle Direzioni Ospedaliere FIMEUC (Federazione Italiana di Medicina della Emergenza Urgenza e delle Catastrofi) - GFT (Gruppo Formazione Triage) SIMEU (Società Italiana di Medicina Emergenza Urgenza) SIMEUP (Società Italiana di Medicina Emergenza Urgenza Pediatrica).*

RESPONSABILITÀ DEL SOCCORRITORE NON IN SERVIZIO 118

Si tratta di una figura molto diffusa nella nostra nazione, basti pensare a tutti gli equipaggi impegnati nei trasporti cd. "programmati", cioè relativi a pazienti che necessitano di essere accompagnati per delle visite, dimissioni, dialisi etc. Logicamente, in tale contesto, il soccorritore risulta essere paragonabile ad un semplice cittadino e dunque non è investito di alcun vincolo giuridico specifico. Questo fatto però non esula il soccorritore ad intervenire qualora richiesto, anche perché esiste comunque un obbligo generico che è regolato per legge: *"Chiunque, trovando abbandonato [...] una persona incapace di provvedere a sé stessa, per malattia di mente e di corpo [...] omette di darne immediato avviso all'Autorità, è punito con la reclusione [...]*
Alla stessa pena soggiace chi, trovando un corpo umano che sia o sembri inanimato, ovvero una persona ferita o altrimenti in pericolo, omette di prestare l'assistenza occorrente o di darne immediato avviso all'Autorità [...][30]
Si è detto che questa figura non possiede una specifica identità giuridica, come invece fruisce chi trova in servizio 118, ma è pur vero che questo non autorizza il soccorritore ad un comportamento meno attento e "professionale", sotto ogni profilo.
L'argomento necessità però di alcune precisazioni alla luce anche dell'impiego di questa figura, sempre più ricorrente e meno occasionale, in circostanze di eventi e manifestazioni.
Da parte di molti responsabili delle Associazioni, impiegate nelle manifestazioni, permangono

---

[30] *Art 593 Codice Penale – Omissione di soccorso.*

ancora delle perplessità ed incertezze in merito a chi debba essere demandata la responsabilità di tale servizio. La risposta la si può trovare nell'Accordo Stato Regioni del 5 agosto 2014[31], che specifica quali siano le procedure di programmazione e progettazione da adottare in caso di eventi-manifestazioni, anche dal punto di vista sanitario.

Tralasciando l'aspetto tecnico-organizzativo[32] risulta importante sottolineare di come la responsabilità sanitaria ricada sull'organizzatore dell'evento-manifestazione, e nello specifico su colui che assume il ruolo di responsabile della sicurezza (sanitaria). È consuetudine poi che quest'ultimo ruolo venga assegnato e svolto dal coordinatore dell'Associazione di soccorso chiamata a gestire le eventuali emergenze. L'equipaggio impiegato, dunque, si fa carico di una responsabilità specifica sulla eventuale gestione degli eventi, tantoché l'Accordo in esame, specifica quali debbano essere le competenze del personale impiegato.

Questa peculiarità non rappresenta una generica e semplice indicazione, ma cambia diametralmente il baricentro del discorso.

Nello specifico l'Accordo in argomento determina che, per la gestione sanitaria degli eventi/manifestazioni, occorre utilizzare, tra gli altri:

- *Equipaggi* appiedati *composti da un team di soccorritori abilitati secondo la normativa vigente (Accordo Stato Regioni del 22 maggio 2003) ed*

---

[31]*Linee di Indirizzo sull'organizzazione sanitaria negli eventi e nelle manifestazioni programmate.*

[32]*L'accordo prevede una serie di incombenze tra le quali l'interessamento della Centrale 118 competente per territorio, oltre ad altri organi VVF, Forze dell'Ordine etc.*

abilitati all'uso del defibrillatore semiautomatico esterno dotati di detto strumento e di uno zaino di soccorso;
- *Ambulanze* MSB: *mezzo di soccorso di base costituito da una ambulanza di soccorso con a bordo soccorritori qualificati (Accordo Stato Regioni del 22 maggio 2003) ed abilitati all'uso del defibrillatore semiatuomatico esterno.*

La peculiarità consiste proprio nella specifica che viene indicata è cioè che coloro che vengono impiegati devono essere soccorritori abilitati secondo la normativa vigente, peraltro indicata.

L'Accordo Stato Regioni 22 maggio 2003 sancisce che:

- Il personale volontario o dipendente di pertinenza delle Organizzazioni[33] (inclusi gli autisli)...*omissis*...che svolge la sua attività sui mezzi di soccorso di base e avanzati del "sistema 118", deve essere in possesso della qualifica di Soccorritore.
- Tale qualifica viene conferita dopo la frequenza ed il superamento di un apposito corso, secondo modalità organizzative definite in ambito regionale.
- Il soccorritore deve possedere, inoltre, le conoscenze di base e le capacità utili per l'espletamento delle attività inerenti il trasporto ordinario per conto del S.S.N., secondo programmi, modalità di svolgimento e verifiche da stabilirsi a livello regionale.

Se volessimo ragionare solo sulla base delle normative citate, allora risulta palesemente chiaro che i soccorritori impegnati negli eventi in

---

[33] *Art. 5 commi 2 e 3 del D.P.R. 27/3/92 Atto di indirizzo e coordinamento alle Regioni per la determinazione dei livelli di assistenza sanitaria di emergenza – Istituzione 118.*

questione altri non possano essere che quelli svolgono servizio nel sistema 118, e che proprio in ragione di ciò, dopo aver frequentato e superato un apposito corso regionale, possono definirsi "soccorritori".

Vista in questi termini è probabile che la maggior parte degli eventi/manifestazioni non potrebbero avere luogo perché spesso, molto spesso, il servizio sanitario viene espletato da operatori che non svolgono, e/o non hanno mai svolto, servizio nel sistema 118.

Ritorniamo punto e capo, ovvero su ciò che è stato scritto nella parte iniziale di questo libro, quindi che la figura del soccorritore, in questo caso sotto un profilo tecnico, non esiste. Alcune Regioni, tra le quali la Sardegna, non hanno provveduto a predisporre una formazione di base specifica per tutti gli operatori che vengono inseriti nel sistema di emergenza-urgenza e, tantomeno, una formazione permanente per il personale già operante nel sistema.

Necessita precisare che per formazione non si intende un "semplice" corso di rianimazione cardiopolmonare (BLSD) e/o corso trauma (PTC), ma un percorso che porti il soccorritore ad ottenere una formazione che rispetti gli stessi requisiti di uniformità del personale sanitario[34].

Per raggiungere tale obiettivo è prevista, per il personale che opera nel sistema dell'emergenza–urgenza sanitaria, una formazione ed un aggiornamento sulle principali attività ordinarie a garanzia della continuità della preparazione raggiunta.

Non solo, occorre anche aggiungere che lo stesso personale debba essere inserito nei programmi di

---

educazione continua in medicina (ECM), secondo quanto convenuto nell'accordo sancito dalla Conferenza Stato – Regioni[35] .

Per fugare ogni dubbio interpretativo circa l'accezione di *"personale che opera nel sistema dell'emergenza–urgenza sanitaria"*, è utile riportare quanto indicato nella normativa citata:

"Il personale operante nel sistema dell'emergenza - urgenza sanitaria risulta costituito da figure professionali di diversa estrazione, formazione ed esperienza: ...omissis... personale soccorritore volontario e dipendente dai soggetti di cui all'art. 5, comma 3 del D.P.R. 27/03/92".

RESPONSABILITÀ DEL SOCCORRITORE OCCASIONALE

Capita sovente che un soccorritore non sanitario si trovi nella condizione di dover intervenire per aiutare una persona che necessita di soccorso. Si parla di un soccorritore che presta attività al 118 ma che in questa fase risulta essere libero dal servizio.

È una fattispecie in cui l'unica responsabilità in carico al "soccorritore" è quella tipica di ogni cittadino, ovvero quella codificata nella norma penale dell'omissione di soccorso[36]. Il soccorritore infatti, nella situazione indicata, non riveste alcuna qualifica "superiore", così come invece quando è in servizio nel sistema 118. Ciò non vuole dire che debba mettere da parte le sue conoscenze e abilità nell'aiutare una persona in difficoltà, ma solo che il suo ruolo resta e rimane quello di un semplice cittadino.

Una situazione simile la ritroveremo nel paragrafo dedicato all'uso del defibrillatore.

---

[35] *Seduta del 13 marzo 2002 repertorio atti n.1667.*
[36] *Art. 593 Codice Penale.*

Il Capoequipaggio

La struttura organizzativa del soccorso risulta essere gerarchizzata e piramidale e tale conformazione deriva proprio dalla legge sul volontariato[37], antecedente a quella in vigore. Questa puntualizzazione è utile per capire in che modo sia strutturata una squadra di intervento e pertanto quale sia lo sviluppo gestionale-operativo nel soccorso. È tuttavia una indicazione che giuridicamente non offre alcun contributo se non quello di determinare ruoli e competenze specifiche.

In ogni unità di base[38] esiste la figura del caposervizio (capo-equipaggio, capo squadra etc.), ossia colui che coordina e "dirige" l'intervento.

Nessun problema se si trattasse di un ruolo distintamente delineato e regolamentato, quanto meno nelle normative regionali. Tale distinzione, invece, è posta esclusivamente a fini organizzativi, con un percorso formativo lasciato all'autonomia gestionale delle singole Associazioni.

Mancando una disciplina in tal senso, ed essendo i membri dell'equipaggio muniti del medesimo riconoscimento, risulta operazione ardua imputare al caposervizio una eventuale responsabilità differente rispetto agli altri componenti l'equipaggio (allievi a bordo esclusi).

Nel contesto in esame gli operatori hanno medesime competenze e identici profili professionali, cosicché la divisione dei compiti risulta essere un fattore volto a favorire la celerità

---

[37] *Legge 266/1991 – Legge quadro sul volontariato.*

[38] *MSB - Mezzo Soccorso di Base (composto da personale non sanitario).*

e la sicurezza delle manovre di soccorso, piuttosto che inquadrarne un contorno giuridico.

Più adeguato rispetto ai profili sopra delineati diviene l'applicabilità del dovere di controllo che riguarda l'intero equipaggio: se le conoscenze sono identiche, tutti avranno un onere di controllo sull'attività svolta dal collega. Ciò non vuol dire esercitare un riscontro assillante sul proprio collega: si consideri, piuttosto, come un necessario contraltare e fattore di sicurezza che controbilancia il fattore di rischio proprio della divisione del lavoro. Nel soccorso extra-ospedaliero, infatti, sono maggiori e preminenti i doveri comuni a quelli divisi e dunque un dovere di diretta e sincera collaborazione.

In sintesi, ferma restando la responsabilità personale a carico di chiunque commetta una violazione penale, sul caposervizio non grava un maggiore onere giuridico, ma può essere chiamato a rispondere delle azioni del "suo" equipaggio solo ed esclusivamente in relazione a regolamenti interni dalla propria organizzazione di appartenenza.

Concludendo appare molto interessante citare quando indicato dalla S.C. di Cassazione in merito ai ruoli e responsabilità:

"Diretta collaborazione, dovere di controllo, medesime conoscenze. Il risultato sarà che, in ogni momento del servizio, un soccorritore dovrà esprimere il proprio dissenso circa lo svolgimento di determinate manovre da parte dei colleghi. La conseguenza, in caso contrario, sarà una valutazione di responsabilità omissiva per il soccorritore rimasto silente".[39]

---

[39]*Cass. Pen., Sez. IV, 17 novembre 1999, Zanda, 2001.*

Atto medico delegato

Rappresenta un tema molto delicato che rileva una casistica decisamente interessante, soprattutto durante i soccorsi che vengono effettuati quotidianamente nel sistema di emergenza-urgenza. Occorre precisare che si tratta di una fattispecie applicabile solo ed esclusivamente alla categoria degli infermieri.

Il soccorritore non sanitario, ma comunque facente parte del personale impiegato nel sistema su indicato, spesso deve fare i conti con situazioni che potremmo definire al limite, casi in cui la sua presenza diviene determinante per il buon esito del soccorso e nei quali deve adottare comportamenti che non dovrebbero competergli.

Cominciamo con il dire che l'atto medico delegato giuridicamente non esiste, o per meglio dire non è delineato nelle sue specificità. Una prima genesi giuridica la possiamo ritrovare nel DPR 27/03/92[40], e precisamente all'art.10, che recita: *"Il personale infermieristico professionale, nello svolgimento del servizio di emergenza, può essere autorizzato a praticare iniezioni per via endovena e fleboclisi, nonché a svolgere le altre attività e manovre atte a salvaguardare le funzioni vitali, previste dai protocolli decisi dal medico responsabile del servizio".*

Certamente questo disposto normativo non aiuta a fare chiarezza, ma è pur vero che si tratta di una base sulla quale poter architettare alcuni ragionamenti giuridici.

---

[40] *Atto di indirizzo e coordinamento alle Regioni per la determinazione dei livelli di assistenza sanitaria di emergenza – Istituzione 118.*

Non possono albergare dubbi sul fatto che per potersi inquadrare in tale precetto occorra rivestire la qualifica di personale sanitario, nulla infatti è previsto infatti per i cd. soccorritori laici. Il problema, però, si pone nel quotidiano è cioè in tutte quelle situazioni che vedono una partecipazione attiva nel soccorso da parte di personale non sanitario, che si trova a dover eseguire manovre non sempre in linea con quanto di sua competenza. È pur vero che in questi casi l'operatore di Centrale 118, guida nelle azioni il soccorritore assistendolo durante il soccorso. Tutto questo però non è sufficiente!

La responsabilità penale è sempre personale e nel momento stesso in cui il soccorritore accetta di compiere determinate manovre che, come detto, non è abilitato a compiere, se ne assume tutte le responsabilità, non ultime quelle di poter incorrere nella violazione dell'esercizio abusivo della professione sanitaria[41].

L'atto medico delegato non può pertanto essere disturbato a giustificazione di quanto detto anche perché, nonostante sia spesso legato ad una situazione di emergenza non differibile, deve essere:

- Documentato.
- Ha valore solo per quel caso specifico, non può quindi essere generico, né riutilizzabile.
- Deve essere promanato da un medico.
- Il destinatario deve avere conoscenze specifiche ed essere in grado di eseguire perfettamente quanto delegato.

Non sembra che per i soccorritori laici ci siano molti spazi d'azione, anche sé è giusto sottolineare che convivono altre soluzioni

---

[41] *Art.348 Codice Penale.*

giuridiche e nel caso di specie ci si riferisce allo *stato di necessità*[42], di cui si è già scritto nella presente disamina.

CERTIFICAZIONI – CENTRI DI FORMAZIONE

Si tratta di un argomento che per vari motivi permette numerose interpretazioni e non tutte pertinenti e puntuali. La materia è certamente ricca di riferimenti normativi succedutisi nel tempo e questo, unito ad un incomprensibile egocentrismo da parte di alcuni soggetti deputati alla formazione, ha fatto sì che negli operatori del soccorso prevalga un senso di confusione e di incertezza.

Per dare un senso logico al ragionamento è importante sottolineare come le ultime normative abbiano ampliato notevolmente il numero soggetti che possono, legalmente, rilasciare le certificazioni da poter utilizzare per svolgere il soccorso, anche nel sistema 118[43].

Utile sottolineare che si tratta di un problema tutto italiano, ovvero quello legato al fatto che l'unica certificazione meritevole di attenzione normativa sia quella connessa all'utilizzo del DAE, il resto è lasciato alla libera interpretazione ed a protocolli operativi ai quali non sempre viene riconosciuto valore esclusivo. In realtà anche la normativa sul DAE non è così chiara come dovrebbe essere.

Partendo proprio da questa base si può tranquillamente affermare che i soggetti autorizzati al rilascio delle certificazioni sono diversi.

La legge in questo caso è molto chiara:*"la formazione dei soggetti di cui al comma 1 può*

---

[42] *Art. 54 Codice Penale.*
[43] *Alcune centrali Operative prevedono un ulteriore esame certificativo.*

essere svolta anche dalle organizzazioni medico-scientifiche senza scopo di lucro nonché dagli enti operanti nel settore dell'emergenza sanitaria che abbiano un rilievo nazionale e che dispongano di una rete di formazione[44]".

L'articolo in questione non lascia dubbi interpretativi ed anzi il legislatore ha più volte rinnovato tale concetto in tutti i provvedimenti che sono stati emanati successivamente. Tale assunto trova fondamento proprio nella filosofia di un intervento tempestivo ed efficace che il legislatore ha voluto enfatizzare, anche attraverso la diffusione di una nuova cultura sociale finalizzata proprio alla divulgazione e conoscenza delle tecniche di soccorso.

È su questo fondamento che anche la Regione Sardegna, in armonia con il Documento Stato Regioni del 2003 ha ratificato in tale direzione riconoscendo, perlomeno in fase transitoria, la validità delle certificazioni nella convenzione di cui alla delibera 41/18[45] del 2007.

Come accennato in precedenza nulla viene detto riguardo ad altri tipi di certificazione lasciando che ogni singola Regione si rifaccia a *standard formativi delle Linee Guida nazionali ed internazionali [...] e a protocolli effettuati nel rispetto di standard riconosciuti a livello internazionale.* Di fatto, però, con tale determinazione viene dato valore esclusivo alle linee guida redatte dalle associazioni nazionali scientifiche, esempio IRC[46], uniformando in questo modo tutti i protocolli ed i programmi

---

[44] *Art. 1 Legge n. 120/2001.*

[45] *Convezione per la regolamentazione del servizio territoriale di soccorso di base [...] .*

[46] *Italian Resuscitation Council – Elenco Società Medico-Scientifiche Ministero Salute L. 24/2017 e D.M.02.08.17.*

formativi organizzati dalle Centrali Operative[47] 118.

Grazie ad un ultimo intervento normativo[48] da parte della Regione Sardegna (peraltro in linea con altre Regioni), i Centri di Formazione che vogliono operare in Regione, devono essere obbligatoriamente accreditati, per poi essere inseriti in un elenco regionale consultabile pubblicamente.

Stessa cosa vale per i Centri che offrono una formazione dedicata al personale sanitario, o comunque personale impiegato nel servizio emergenza/urgenza, purché rifacentesi ad una delle società scientifiche e delle associazioni tecnico-scientifiche delle professioni sanitarie riconosciute dal Ministero della Salute[49].

DAE – DEFIBRILLATORE SEMI-AUTOMATICO ESTERNO
-PERSONALE NON SANITARIO –

La genesi della normativa italiana sull'utilizzo del defibrillatore risale al 2000[50] quando l'allora Ministero della Sanità, aveva previsto l'utilizzo dei defibrillatori a bordo degli aerei di linea, ad uso esclusivo dei capi cabina.

L'anno successivo, tale autorizzazione veniva estesa per la prima volta *"anche a personale non sanitario previa formazione specifica nelle attività di rianimazione cardio-polmonare[51]"*.

---

[47] *Da questo momento indicata con l'abbreviazione C.O.*

[48] *Delibera G.R. n. 18/8 del 12.4.2018*

[49] *Decreto 02 agosto 2017.*

[50] *Decreto 21 settembre 2000.*

[51] *Legge 3.04.2001 n. 120 – Utilizzo dei defibrillatori semiautomatici in ambiente extra-ospedaliero.*

Nel tempo sono seguite diverse modifiche alla normativa ma il principio cardine, ovvero l'utilizzo del DAE da parte di personale non sanitario, non ha subito cambiamenti anzi, semmai, è stata ampliata la sfera dei potenziali utilizzatori.

L'ultimo aggiornamento sulla normativa è il decreto n. 169/2013 (*decreto del fare*) che amplia ulteriormente la cd. legge Balduzzi[52]. Quest'ultimo provvedimento è risultato essere particolarmente innovativo, soprattutto perché ha introdotto e previsto la presenza dei defibrillatori in tutti gli impianti sportivi, palestre etc.

Altra modifica ha interessato la validità delle certificazioni che viene prorogata a due anni dalla data del rilascio, ne consegue che il retraining avrà cadenza biennale.

Chiarito chi può utilizzare il DAE e chi può formare il personale addetto al suo impiego, rimangono i problemi legati ai risvolti medico-legali e, soprattutto, ai luoghi comuni che da sempre hanno circondato l'uso del defibrillatore.

La legge del 2001 ha avuto come effetto la ricaduta sulle Aziende Sanitarie, e dunque sulle C.O. 118, della responsabilità connessa alla formazione, al retraining del personale impiegato, nonché alla mappatura dei DAE e l'autorizzazione al suo uso. Questa determinazione ha creato da un lato la sicurezza di avere un coordinamento certo, dall'altra un rallentamento dei processi formativi dovuto all'elevato numero del personale da istruire e da aggiornare. Tutto ciò ha portato ad allungare quella *fase transitoria*, di cui si è accennato, con la conseguenza che moltissimi operatori del 118 (medici – infermieri esclusi) operano con certificazioni legali rilasciate dai

---

Centri di Formazione, creando così una sorta di parallelismo disciplinato giuridicamente.

Certamente questa prassi pone alcuni interrogativi fra i quali, ad esempio, quello legato alla validità della certificazione ottenuta da una C.O., che opera in una certa provincia, rispetto ad un'altra. O ancora la validità, rispetto alla C.O., della certificazione ottenuta attraverso un centro di formazione.

Fortunatamente, anche grazie agli interventi legislativi su indicati, la situazione si è risolta in maniera più che positiva e chi ne ha beneficiato è stato senz'altro il cittadino.

Permangono tuttavia ancora delle differenze giuridiche non relativamente alla certificazione e neanche su chi la rilascia, ma su colui che la ottiene.

Esaminiamo alcune ipotesi:

- ***Soccorritore**[53] **in turno 118***: qualora sia in possesso di una certificazione DAE, e ne ricorrano le circostanze (paziente in arresto cardio-circolatorio), <u>ha l'obbligo giuridico</u> di mettere in atto i protocolli operativi/linee guida specifici per quel caso. La C.O., pertanto, avrà solo un compito di coordinamento e non il potere di diniego all'utilizzo del DAE. Questo in virtù di quanto disposto dal codice penale circa gli **obblighi**[54] dell'incaricato di Pubblico Servizio: *<u>Il pubblico ufficiale o l'incaricato di un pubblico servizio, che indebitamente rifiuta un atto del suo ufficio che, per ragioni di giustizia o di sicurezza pubblica, o di ordine pubblico o di igiene e sanità,</u>*

---

[53]*Riveste in questo caso la qualifica di Incaricato di Pubblico Servizio.*

[54] *Art. 328 Codice Penale - Rifiuto di atti d'ufficio. Omissione.*

*deve essere compiuto senza ritardo, è punito con
la reclusione da sei mesi a due anni.*

- ***Soccorritore non in turno 118***, vale quanto già indicato nel paragrafo dedicato, nello specifico si può affermare che nel momento in cui il soccorritore è in possesso di abilitazione all'uso del DAE, e ne ricorrano le condizioni, può lecitamente usarlo senza incorrere in alcuna violazione di legge. Fermo restando la comunicazione dell'evento[55] alla C.O.118 che, come detto, in questa fase ha solo compiti di coordinamento e di successivo intervento.
- ***Soccorritore occasionale***, (comune cittadino): vale quanto già indicato nel punto che precede.

La normativa in esame non lascia spazi interpretativi e, dunque l'utilizzo del DAE trova, e deve trovare, ampia applicazione prescindendo dalle differenti valutazioni delle C. O.
È pertinente sottolineare che, per il soccorritore non in servizio 118 e per quello occasionale, <u>il certificato all'uso del DAE abilita ma non obbliga[56]</u>.
<u>Il ragionamento che segue è assolutamente e volutamente provocatorio e per soli fini didattici.</u>
Ipotizzando una rigidità interpretativa da parte di alcune Centrali Operative 118, appare interessante parlare dell'uso del DAE da parte di coloro che sono sprovvisti di abilitazione. In questo caso si stravolgono completamente gli schemi ed i protocolli, qualora esistenti, creati dalle suddette

---

[55]*Art. 593 Codice Penale - Omissione di Soccorso: "...omissis...omette di prestare l'assistenza occorrente o di darne immediato avviso all'Autorità".*

[56] *Fanno eccezione le persone preposte al soccorso e indicate nel citato Decreto Balduzzi.*

Centrali che, dunque, vengono bypassate nel loro ruolo di coordinamento.

Come si è potuto constatare la normativa sul DAE precisa che: *"l'operatore che somministra lo shock elettrico con il defibrillatore semiautomatico è responsabile non della corretta indicazione alla defibrillazione, che è decisa dall'apparecchio, ma della esecuzione di questa manovra in condizioni di sicurezza [...]"*

Analizzando le procedure di defibrillazione, si può affermare che non esiste un rischio nell'utilizzo del DAE senza prima aver ottenuto una adeguata formazione, questo perché le prescrizioni fornite dallo strumento risultano essere inequivocabili, tanto che nessuno rischierebbe di commettere errori.

Il vero pericolo, semmai, è dato dall'uso incauto del DAE ovvero una impudenza tale da non mettere in atto tutte le precauzioni legate alla sicurezza.

In linea generale quindi, si può affermare che l'uso del DAE da parte di una persona non abilitata è risolvibile giuridicamente facendo ricorso a quello stato di necessità[57], di cui si è accennato: *"non è punibile chi ha commesso un fatto, essendovi costretto dalla necessità di salvare altri da un pericolo attuale di un danno grave"*.

LINEE GUIDA E PROTOCOLLI OPERATIVI

Nelle varie pubblicazioni che trattano di primo soccorso spesso troviamo due termini, quali: linee guida e protocolli operativi. Queste due definizioni lasciano comunque sempre dubbi interpretativi circa il loro valore e la predominanza di una nei confronti dell'altra.

---

[57] *Art. 54 Codice Penale - Stato di necessità.*

Le linee guida sono di origine statunitense (*guidelines*) e hanno cominciato a diffondersi negli anni ottanta per poi espandersi rapidamente in ambito sanitario extra-ospedaliero negli anni novanta. La loro funzione è quella di ordinare le conoscenze in campo sanitario così da creare un elevato e riconosciuto standard qualitativo negli interventi di soccorso.

L'elaborazione delle linee guida non è un processo facile, anzi risulta particolarmente complesso ed è gestito da organismi scientifici che godono di credibilità ed autorevolezza in ambito internazionale. Compito primario è quello di fissare le conoscenze, in ambito sanitario, così da fornire uno strumento in grado di indirizzare le scelte operative al personale impiegato nel soccorso.

Proprio per la loro caratteristica le linee guida non sono immutabili ma vengono aggiornate periodicamente, questo perché sarebbe impossibile creare delle regole rigide e ferme nel tempo, considerando il continuo progresso che si registra in ambito medico.

Occorre precisare, tuttavia, che il rispetto delle linee guida di per sé non esclude l'eventuale colpa del soccorritore (medico)[58].

I Protocolli operativi non hanno una definizione univoca e tantomeno capace di differenziare in via sostanziale questi dalle linee guida[59].

Ciò vuole dire, a discapito di quanto si crede, che non esiste una vera e propria differenza tra le due categorie.

Diversi autori hanno evidenziato alcune distinzioni, asserendo che i *protocolli vanno distinti dalle linee*

---

[58] *Cassazione penale n.557/2012.*

[59] *Cfr. Brusco C. Linee guida, protocolli e regole deontologiche. Le modifiche introdotte dal c.d. decreto Balduzzi. Diritto Penale Contemporaneo. 2013.*

guida poiché dotati di maggiore vincolatività e precisione[60]. Tuttavia, capita molto spesso che alcune linee guida siano fornite di precise regole di cautela mentre, al contrario, troviamo protocolli con disposizioni generiche.

Le citate diversificazioni però non sembrano così certe, tanto che spesso i concetti vengono fatti coincidere da dottrina[61] e giurisprudenza[62].

Sul tema è intervenuta, in diverse occasioni, anche la Corte di Cassazione che ha delineato il perimetro giuridico nel quale viene definito il carattere operativo delle due categorie in esame.

Le linee guida pur rappresentando un importante ausilio scientifico, con il quale il medico è tenuto a confrontarsi, non eliminano la sua autonomia nelle scelte terapeutiche, poiché, l'arte medica, mancando per sua stessa natura di protocolli scientifici a base matematica, spesso prospetta diverse pratiche o soluzioni che l'esperienza ha dimostrato efficaci, da scegliere oculatamente in relazione ad una cospicua serie di varianti che, legate al caso specifico, solo il medico nella contingenza della terapia, può apprezzare. Ne consegue le linee guida e i protocolli, proprio in ragione delle peculiarità della attività del medico, che sfugge a regole rigorose e predeterminate, non possono assumere il rango di fonti di regole cautelari codificate [...]"[63]

Sembra chiaro quindi che le distinzioni tra le due categorie, perlomeno quelle operate in ambito di

---

[60] *In tal senso Marinucci G. e Dolcini E. Manuale di diritto penale. Parte generale. Milano. 2012. 320.*

[61] *Studiosi del diritto.*

[62] *Scienza del diritto.*

[63] *Corte di Cassazione, Sez.IV Penale -Sentenza 19 settembre 2012, n.35922 - Pres. Brusco – est.Piccialli.*

soccorso extra-ospedaliero, siano dettate più dalle abitudini che non da una base certa ed univoca.

È più fondato ritenere, e su questo c'è una assoluta condivisione, che le linee guida ed i protocolli operativi devono provenire da soggetti (società scientifiche, istituzioni, enti etc.) che siano riconosciuti in ambito scientifico-sanitario, dotati di una certa autorevolezza e vincolatività, nonché indipendenti nei loro pareri.

Valutato attentamente quanto indicato, si può affermare che nel settore in esame le linee guida raggiungono quegli obiettivi di maggiore uniformità nel trattamento e maggiore certezza nella pratica. Questa scelta risulta più comprensibile se soffermiamo l'attenzione sul personale che svolge l'attività di soccorso extraospedaliero cioè i cd. "laici", i quali hanno una formazione di base completamente differente rispetto al personale sanitario (Medico – infermiere). In tal modo si vuol garantire uno standard d'intervento medio, che possa dunque fornire certezze a coloro che necessitano di soccorso, conformandosi in questo modo a quelli che gli obbiettivi iniziali della Legge istitutiva del 118.

CONSENSO ALLE CURE –CONSENSO INFORMATO

Il soccorso coinvolge vari aspetti tra i quali quelli sociali, sanitari e giuridici che, in alcuni casi, è davvero difficile distinguere. Pensiamo al momento dell'arrivo sul luogo dell'evento di un mezzo di soccorso: oltre all'aspetto legato alla sicurezza della scena, la cosa più immediata che si fa è quella di creare una relazione tra il soccorritore ed il paziente. Questo comportamento che attiene ad una fase squisitamente psicologica del soccorso, ha una valenza giuridica: il soccorritore, infatti, nel comunicare con il paziente precisa le manovre che dovranno essere compiute (es. misurazione saturimetria, pressione arteriosa, collare cervicale etc.) e dunque lo informa per ricevere il suo consenso.

Secondo l'art. 32 della Costituzione, per sottoporre una persona ad un qualsiasi trattamento sanitario è necessario che egli manifesti chiaramente e validamente la propria volontà di affidarsi alle cure e alle prescrizioni del caso.

Affinché il consenso sia valido è necessario che sia dato da una persona in grado di intendere e di volere e che sia stata informata con precisione sulle modalità di un determinato tipo di intervento e soprattutto dei rischi e delle conseguenze finali (consenso informato).

Nessun paziente, capace di intendere e di volere, può essere costretto a sottoporsi a trattamenti che vanno contro la sua volontà e tantomeno caricato a forza sull'ambulanza.

Nel caso in cui il paziente od i parenti (anche di minori) pretendano trattamenti diversi da quelli previsti dai protocolli, occorre ricordare che: *"Chiunque ha diritto al soccorso ma non alla gestione del soccorso"*. Non si può scegliere come essere soccorso ed il rifiuto di trattamenti o presidi equivale al rifiuto del soccorso.

In questi casi è necessario comunicare alla Centrale 118 quanto accaduto e far firmare al paziente il suo rifiuto sul verbale di intervento.

Qualora il paziente si rifiutasse anche di firmare non si può far altro darne atto nel verbale avvisando, anche di questo fatto, la Centrale 118.

I casi indicati riguardano pazienti con piena capacità di intendere e di volere ma non sempre è così. Capita spesso di trovarsi ad intervenire su un paziente incosciente il quale non può in nessun modo esprimere la sua volontà, circa il consenso alle cure: in questa circostanza il consenso si ritiene presunto (cfr. stato di necessità).

Diversamente se il soggetto è un minore o un infermo di mente sarà il suo rappresentante legale, genitore o tutore, a decidere in proposito del consenso, ricordando però che queste figure hanno l'obbligo giuridico di tutelare la salute di chi non è in grado di farlo da solo.

Infatti, qualora le figure legali che rappresentano il minore o infermo di mente si oppongano ad un trattamento che ai Soccorritori appare indispensabile per evitargli un grave danno, questi devono in ogni caso comunicarlo alla C.O.118, che dovrà dare indicazioni sul da farsi.

Per correttezza di informazione, occorre precisare che esistono altre deroghe alla manifestazione del consenso, oltre a quello su indicato, e che nella fattispecie viene definito come T.S.O (Trattamento Sanitario Obbligatorio) di cui si parlerà nel prossimo paragrafo.

IL TRATTAMENTO SANITARIO OBBLIGATORIO (T.S.O.)

Con il termine T.S.O[64] – Trattamento Sanitario Obbligatorio – si intendono tutte quelle procedure sanitarie regolate da specifiche tutele di legge, che possono essere applicate in caso di motivata necessità e urgenza clinica. Le procedure in argomento sono conseguenti al rifiuto del trattamento del soggetto che soffra di una grave patologia psichiatrica o infettiva non altrimenti gestibile, a tutela della sua salute e sicurezza e/o della salute pubblica.

---

[64] *Legge del 23 dicembre 1978.*

I fattori che influiscono, a volte in modo determinante sulla decisione di adottare un provvedimento estremo quale il TSO sono molteplici e mutevoli, perché ogni caso risulta avere aspetti differenti. Ciò che non cambia è tutta la fase procedurale che prevede delle fasi ben precise.

La procedura T.S.O. scatta generalmente nei confronti di soggetti, il più delle volte già conosciuti dai servizi territoriali, che manifestano l'intenzione di compiere azioni eclatanti e pericolose per sé stessi e per gli altri.

Nello specifico le basi sulle quali si fonda un T.S.O sono essenzialmente tre:

- *una persona affetta da malattia che mentale necessiti di trattamenti sanitari urgenti;*
- *rifiuti il trattamento;*
- *non sia possibile prendere adeguate misure extra-ospedaliere.*

Viene disposto con provvedimento del Sindaco, nella sua qualità di autorità sanitaria, del Comune di residenza o del Comune dove la persona si trova momentaneamente.

Egli emana l'ordinanza di TSO solo in presenza di due certificazioni mediche attestanti che:

1. La persona si si trova in una situazione di alterazione tale da necessitare urgenti interventi terapeutici.
2. Gli interventi proposti vengono rifiutati.
3. Non è possibile adottare tempestive ed idonee misure extraospedaliere.

Tutte e tre le condizioni devono essere presenti contemporaneamente e devono essere certificate da un medico, spesso quello di famiglia. Successivamente il certificato deve essere convalidato da un secondo medico che deve appartenere alla struttura pubblica, e pertanto può anche trattarsi del medico a bordo dell'ambulanza del 118 (Mike).

La normativa non prevede che i due medici debbano essere psichiatri. Una volta che il Sindaco riceve le certificazioni in questione dispone di 48ore di tempo per emettere una ordinanza, che predispone l'accompagnamento della persona sottoposta a TSO presso un Reparto psichiatrico di diagnosi e cura, attraverso l'impiego della Polizia Locale e dei Sanitari. Successivamente il Sindaco ha poi l'obbligo di inviare l'ordinanza al Giudice Tutelare entro 48 ore successive al ricovero per la convalida, il quale a sua volta potrà convalidare il provvedimento entro le 48 ore successive[65].

Per quanto riguarda il ruolo dell'equipaggio (personale non sanitario) che interviene nei casi di TSO, possiamo dire che sia essenzialmente secondario e di supporto al personale medico/infermieristico. Non bisogna mai dimenticare però che il motivo della nostra presenza è legato solo ed esclusivamente al servizio sanitario.

Il TSO è sempre una procedura molto delicata e spesso poco conosciuta, dal punto di vista giuridico, da parte dei soccorritori. Spesso in un intervento del genere convivono ancora molte incertezze in generale e nello specifico, ad esempio, sul ruolo delle Forze dell'Ordine e pertanto in che numero debbano essere, se la loro presenza è prevista a bordo dell'ambulanza etc.

A fronte di ciò la soluzione è da ricercarsi nelle *"Linee Guida Regionali in materia di Trattamento Sanitario Obbligatorio e Accertamento Sanitario*

---

[65] *Legge 13 maggio 1978, n. 180 – Cd. Legge Basaglia.*

Obbligatorio"[66], dove si analizzano e si prescrivono condotte adeguate alle necessità del trattamento in questione.

Focalizziamo l'attenzione su alcuni punti inseriti nelle linee guida anzidette:

"L'individuazione del paziente, la notifica e l'esecuzione di un'ordinanza di T.S.O. (prelevamento e accompagnamento) non si configurano, sul piano giuridico, come atti sanitari, ma rivestono il carattere di operazioni di polizia amministrativa. Pertanto, il personale di cui il Sindaco si dovrà avvalere per dare attuazione al proprio provvedimento mediante tempestivo trasporto al reparto psichiatrico, designato Servizio Psichiatrico di Diagnosi e Cura (S.P.D.C.), deve essere individuato nel Corpo di Polizia Locale, titolare anche di eventuali atti di coercizione finalizzati all'osservanza del provvedimento obbligatorio".Per l'esecuzione del T.S.O. dovranno essere sempre presenti, recandosi nel più breve tempo possibile presso il domicilio del paziente sia la Polizia Locale che i sanitari con l'ambulanza del Servizio 118. La Polizia Locale potrà, se necessario, richiedere l'intervento di supporto delle altre Forze dell'Ordine e dei Vigili del Fuoco. L'intervento dei Sanitari e dell'ambulanza del Servizio 118 è subordinato alla presenza, in loco, della Polizia Locale. La contestualità degli interventi degli operatori sanitari e degli agenti della Polizia Locale, fermo restando in capo a questi ultimi la notifica ed esecuzione del T.S.O. comporta, che gli stessi attori siano presenti in ogni momento e luogo dell'esecuzione del provvedimento. La compresenza degli operatori sanitari e della

---

[66] *Del.G.R. n. 51 / 4 1 del 20.12.2007.*

Polizia Locale (i quali dovranno essere in numero adeguato alle necessità di assistenza e sicurezza), deve essere assicurata anche all'interno dell'ambulanza, durante il trasporto del paziente4. Il trasporto del paziente, infatti, è una delle fasi in cui si articola il complesso procedimento di esecuzione del T.S.O., la cui attività è sottoposta alla responsabilità della Polizia Locale in ogni momento, e che di fatto termina all'atto dell'effettivo affidamento del paziente al personale sanitario del Servizio Psichiatrico di Diagnosi e Cura.

La repressione dei comportamenti violenti è di competenza della Polizia Locale e/o delle Forze dell'Ordine e l'intervento sanitario può essere messo in atto solo dopo che le suddette Autorità siano intervenute per garantire l'incolumità del personale sanitario. L'assistenza deve essere garantita sino all'avvenuta effettuazione degli interventi atti a gestire la situazione, in Pronto Soccorso e/o in S.P.D.C."

In definitiva occorre ricordare che:
- Per attuare il TSO ed effettuare poi il trasporto del paziente, il Sindaco deve avvalersi della Polizia Locale.
- È richiesta sempre la presenza della Polizia Locale e del Servizio 118.
- L'intervento del Servizio 118 è subordinato alla presenza, nel luogo del TSO, della Polizia Locale.
- Il numero degli operatori della Polizia Locale deve essere in numero adeguato.

- Durante il trasporto del paziente, deve essere garantita all'interno dell'ambulanza la presenza degli operatori di Polizia Locale in numero

adeguato alle necessità di assistenza e sicurezza.
- Il procedimento di esecuzione del TSO è sottoposto in ogni momento alla responsabilità degli operatori della Polizia Locale.
- La responsabilità degli operatori della Polizia Locale termina con la consegna del paziente presso il Pronto Soccorso e/o la SPDC (Servizio Psichiatrico di Diagnosi e Cura).
- Il ruolo del personale sanitario non deve essere inteso come consulenza specialistica all'atto coercitivo, ma come adempimento di quei doveri sanitari che non vengono meno anche durante l'esecuzione di una ordinanza.
- La presenza di personale sanitario durante tutta la durata della procedura deve ritenersi obbligatoria e trova il proprio fondamento nell'ambito più generale dell'assistenza ad un malato.
- Durante l'esecuzione di una ordinanza il personale continua ad essere titolare di un ruolo tecnico finalizzato alla tutela della salute del paziente sottoposto al provvedimento, all'adozione delle modalità più idonee al rispetto ed alla cura della sua persona, nonché al recupero di un eventuale consenso.
- L'intervento della Polizia Locale non può ritenersi eventuale e subordinato a quello del personale sanitario bensì contestuale, e tale contestualità deve esplicarsi attraverso la distinzione chiara dei rispettivi ambiti di intervento.

SALUTE E SICUREZZA

La materia è regolata dal D.Lgs. n. 81/2008, contente il Testo Unico in materia di salute e di sicurezza sul lavoro [67], che compendia tutte le prescrizioni da adottare sul luogo di lavoro da parte dei lavoratori, ma non solo questi. Nel disposto normativo sono infatti comprese anche le organizzazioni di volontariato e dunque le prescrizioni da adottare per i propri associati.

Tale precetto viene spesso disatteso da molte Associazioni, alcune delle quali svolgono la propria attività senza preoccuparsi (volutamente o meno) di violare una precisa normativa, nonostante nelle stesse siano presenti anche dei soci lavoratori o comunque retribuiti.

Il testo, per quello che riguarda la presente disamina, fa riferimento a due tipi di volontariato:

- Il primo comprende le organizzazioni di volontariato della protezione civile (ivi compresi i volontari della Croce Rossa Italiana, del Corpo Nazionale soccorso alpino e speleologico), i volontari dei Vigili del Fuoco ed infine le cooperative sociali di cui alla legge 8/11/1991 n.381.
- Il secondo comprende i volontari di cui alla legge 1/8/1991 n. 266[68].

La presente analisi si focalizzerà solo sulla seconda categoria, non foss'altro che per una questione legata al maggior numero di persone interessate.

Il Decreto in esame precisa che i volontari[69] (compresi quelli che effettuano servizio civile), sono equiparati ai lavoratori autonomi e pertanto ricadono nella normativa in narrazione.

Le Associazioni pertanto devono garantire tutte le condizioni che permettano:

---

[67] *Mod. dal D. Lgs. correttivo 3/8/2009 n. 106.*
[68] *Modificata dalla Legge n.117/2017- Codice Terzo Settore.*
[69] *Art.2 Lett. A – Art.3 comma 12bis.*

- L'utilizzo di attrezzature di lavoro idonee e rispondenti ai requisiti minimi della legislazione vigente.
- L' eventuale utilizzo (se necessari per il tipo di attività svolta) di dispositivi di protezione individuale idonei e rispondenti ai requisiti minimi della legislazione vigente.
- L'esposizione di una tessera di riconoscimento con caratteristiche predefinite.
- La possibilità di beneficiare della sorveglianza sanitaria attraverso un medico competente (sempre che l'attività comporti uno dei rischi per cui è prevista la sorveglianza sanitaria).
- La possibilità di beneficiare di corsi di formazione specifici.

Le misure su indicate non sono obbligatoriamente a carico dell'Associazione, tuttavia appare certo che quest'ultima abbia il compito di analizzare e valutare le attività che vengono svolte, così da poter predisporre un accordo con il volontario. L'accordo deve essere stipulato in forma scritta e deve prevedere tutte le misure di tutela necessaria, indicando in maniera analitica a chi compete l'attuazione e con quali modalità, non tralasciando la parte economica

Il quadro che emerge è ben definito e preciso pertanto il volontario, pur essendo sotto la disciplina della propria Associazione, di fatto è obbligato ad autotutelarsi e cioè a tutelate la propria salute e sicurezza durante l'espletamento del proprio compito, diversamente, in caso di inadempienza, può essere soggetto al pari dei lavoratori autonomi, all'applicazione delle relative sanzioni previste dalla normativa in esame.

Il legislatore inoltre, ha precisato che le modalità di attuazione della su indicata autotutela, possono essere individuate nel già citato accordo tra il volontario stesso e l'associazione di appartenenza.

Infine, risulta interessante anche il caso in cui il volontario vada a svolgere la propria prestazione nell'ambito di una organizzazione di un datore di lavoro, stabilendo a carico di quest'ultimo dei precisi obblighi di sicurezza:

"Ove il volontario svolga la propria prestazione nell'ambito dell'organizzazione di un datore di lavoro, questi è tenuto a fornire al volontario dettagliate informazioni sui rischi specifici esistenti negli ambienti in cui è chiamato ad operare e sulle misure di prevenzione e di emergenza adottate in relazione alla propria attività. Egli è altresì tenuto ad adottare le misure utili ad eliminare o, ove ciò non sia possibile, ridurre al minimo i rischi da interferenze tra la prestazione del volontario e altre attività che si svolgano nell'ambito della medesima organizzazione".

Ogni realtà associativa potrà quindi valutare la possibilità di mettere in atto le misure di tutela e/o comunque deputare l'attuazione direttamente ai volontari. Il profilo prescrittivo appare molto esplicito tuttavia sembra doveroso citare il *Principio di Effettività*[70], che prevede:

"Le posizioni di garanzia relative ai soggetti ... (n.d.a. datore di lavoro, dirigente e preposto), gravano altresì su colui il quale, pur sprovvisto di regolare investitura, eserciti in concreto i poteri giuridici riferiti a ciascuno dei soggetti ivi definiti.".

Dunque, se l'Associazione decide di farsi carico dell'attuazione delle misure di tutela nei confronti dei volontari, su di essa incombono le medesime responsabilità che sussisterebbero nei confronti dei lavoratori subordinati o equiparati e, pertanto,

---

[70] *Art. 299 - D.Lgs. 81/2008.*

dovrà essere garantito il medesimo livello di tutela previsto dalla legislazione vigente per i lavoratori subordinati o equiparati (cit.)

ASSOCIAZIONI CON PERSONALE RETRIBUITO

Se l'Associazione ha dei dipendenti, anche in numero di uno e prescindendo dal tipo di contratto e dalla contribuzione, diventa a tutti gli effetti un'azienda per cui trova piena applicazione per i lavoratori il Decreto in argomento, non esistendo alcuna distinzione rispetto a quanto deve essere realizzato dalle società e/o dagli altri enti anche con fine di lucro.

In una Associazione il datore di lavoro è rappresentato, in linea generale, da tutte le persone che compongono l'organo direttivo e anche in questo caso il dettato normativo risulta essere puntuale ed attento:

"Il soggetto titolare del rapporto di lavoro con il lavoratore o, comunque, il soggetto che, secondo il tipo e l'assetto dell'organizzazione nel cui ambito il lavoratore presta la propria attività, ha la responsabilità dell'organizzazione stessa o dell'unità produttiva in quanto esercita i poteri decisionali e di spesa ..."[71]

La stessa normativa prevede la facoltà di delegare alcune funzioni[72] ad un soggetto diverso dal Presidente, purché vengano rispettate le modalità e le condizioni prescritte, ovvero la delega deve essere:

- In forma scritta.

- Avere data certa.

- Non può contenere obblighi non delegabili[73].

---

[71] *Art. 2 comma "b" D.Lgs. 81/2008.*
[72] *Art. 16 D.Lgs. 81/2008.*
[73] *Art. 17 D.Lgs. 81/2008.*

- Deve conferire al delegato l'autonomia decisionale necessaria anche in relazione al potere di spesa.

Formazione – Informazione – Addestramento

Come accennato il disposto prevede anche una prescrizione legata all'informazione, alla formazione e all'addestramento, pertanto occorre permettere ai volontari di *"partecipare a corsi di formazione specifici in materia di salute e sicurezza sul lavoro, incentrati sui rischi propri delle attività svolte"*[74], restando immutate le disposizioni previste dalle norme speciali.

Occorre anche verificare:

- La presenza di eventuali leggi specifiche.
- La presenza di convenzioni o accordi con strutture pubbliche o private.
- La valutazione dei rischi o comunque l'individuazione dei possibili pericoli, affinché si possano evidenziare situazioni nelle quali la formazione e l'addestramento siano consigliati, se non addirittura previsti per legge.

Impianti - Attrezzature – Locali

Per quanto riguarda attiene gli argomenti in esame si ritiene opportuno evidenziare l'esistenza di numerose disposizioni obbligatorie, che tratteggiano i requisiti essenziali alla sicurezza ed all'utilizzo degli impianti, attrezzature e locali. È anche vero che spesso si tratta di normative a carattere generale e dunque applicabili per tutti, volontari compresi, ma ciò non le conferisce meno esecutività.

A seguito di ciò i locali sede dell'associazione dovranno rispettare, tra le altre, alcune

---

[74] *Art. 37 D.Lgs. 81/2008.*

caratteristiche quali certificato di agibilità, impianti a norma con manutenzioni periodiche e tutte le attrezzature dovranno essere conformi alle direttive di prodotto[75].

Sorveglianza Sanitaria

Il Decreto Legislativo in questione offre una definizione molto esaustiva di cosa si intenda per sorveglianza sanitaria[76] :

"insieme degli atti medici, finalizzati alla tutela dello stato di salute e sicurezza dei lavoratori, in relazione all'ambiente di lavoro, ai fattori di rischio professionali e alle modalità di svolgimento dell'attività lavorativa". Nel caso di volontari: è *l'insieme degli atti medici finalizzati alla tutela dello stato di salute e sicurezza dei volontari, in relazione agli scenari di rischio di protezione civile, ai compiti svolti dai volontari ed all'esposizione di quest'ultimi ai fattori di rischio previsti nel decreto legislativo n. 81/2008.*

Quanto detto per la formazione vale anche per questa materia, ovvero il Decreto da facoltà al volontario di poter usufruire della sorveglianza sanitaria, logicamente restano vincolanti gli obblighi previsti da norme speciali.

Qualora l'Associazione svolga attività per le quali non è richiesto uno sforzo fisico, si pensi ad esempio a quel tipo di attività di sola informazione e sensibilizzazione alla comunità, non è prevista alcuna assistenza sanitaria. Diversa invece è la situazione di una Associazione che svolge attività nelle quali è richiesto uno sforzo fisico concreto, vedasi ad esempio quelle impegnate nel soccorso e trasporto di pazienti, poiché in questo caso

---

[75] *Art. 2 D. Lgs. 81/2008.*
[76] *Art. 41/2 D.Lgs 81/2008 – mod.dall'Art.26 D.lgs 10/2009.*

occorre procedere ad una attenta valutazione dei rischi con il fine di verificare l'obbligo o meno della sorveglianza sanitaria.

Normativa a parte viene riservata alle Associazioni di volontariato della protezione civile, ai volontari della Croce Rossa Italiana, agli appartenenti del Corpo Nazionale Soccorso Alpino e Speleologico ed ai volontari dei Vigili del Fuoco.

Medico competente[77]

Si è fatto cenno della prescritta figura del medico compente ma, nello specifico, occorre precisare che per definirsi tale non basta che egli sia un medico generico. Infatti, affinché un professionista possa fregiarsi di detta qualifica deve essere specializzato in medicina del lavoro o materie affini, solo a seguito di ciò entra a pieno titolo nella normativa che disciplina la sorveglianza sanitaria. Questo aspetto risulta essere molto interessante soprattutto per quanto attiene quelle Associazioni che hanno nel loro organico personale retribuito.

In ogni Associazione (Cooperativa) convenzionata con il sistema 118 è prevista la figura del Direttore Sanitario (Medico), i cui compiti sono enunciati nella convenzione stilata con la Regione di appartenenza. Da precisare che il ruolo del Direttore Sanitario attiene alla verifica della qualità delle prestazioni di soccorso effettuate dai soccorritori e alla loro formazione. Nessun riferimento, pertanto, a quanto previsto circa la sorveglianza sanitaria e dunque alle qualifiche che il Medico deve possedere.

Pertanto, se il Direttore Sanitario di una Associazione, con al proprio interno personale retribuito, è specializzato in medicina del lavoro o

---

[77] *D. lgs. 277/91 e succ mod. (D. lgs. 626/94 D. Lgs. N° 242 1996).*

materie affini può tranquillamente certificare ed essere idoneo nel ruolo di Medico Compente, diversamente l'Associazione dovrà necessariamente rivolgersi ad altro specialista.

Non appare utile, in questa sede, elencare tutti i compiti che attengono al Medico Competente, facilmente reperibili nel disposto normativo in esame.

APPROCCIO ALLA SCENA DI UN CRIMINE

Il 118, come ben sappiamo, gestisce tutte le emergenze sanitarie e tra queste, oramai molto spesso, si annoverano quelle che vedono impegnati gli equipaggi ad intervenire sulla scena di un crimine.

Capita molto di frequente che i primi ad arrivare sul posto siano proprio i soccorritori, che però non hanno una formazione idonea e tantomeno finalizzata a preservare eventuali prove, che si possono trovare in una scena del crimine.

In tutti questi casi l'equipaggio di un'ambulanza acquista un ruolo tutto particolare, poiché primi testimoni di una situazione spesso evolutiva e ricca di molteplici evidenze che potrebbero essere distrutte o comunque rese inservibili per una eventuale utilizzo futuro.

Non è compito facile, anche perché il ruolo primario dei soccorritori è quello di preservare la vita del paziente e non già quello di repertare o fare indagini. Si tratta pertanto di trovare una sorta di equilibrio così da contemperare tutte le necessità che ineluttabilmente convergono sulla scena.

Quale prima cosa, ma questo vale per ogni soccorso, ci si deve assicurare che il posto sia sicuro e pertanto non ci si dovrebbe avvicinare al paziente fino a che sulla scena non siano intervenute le Forze dell'Ordine, per garantire l'incolumità dei presenti.

Capita però che alcune volte il personale delle Forze dell'Ordine non sia sul posto all'arrivo dell'equipaggio, in questo caso è importante prendersi tutto il tempo necessario per valutare la sicurezza, e questo va fatto prima di accedere al luogo dell'evento, non dopo! Nel dubbio, anche il minimo, occorre mettersi in una zona sicura (uomini e mezzo) in attesa dell'arrivo degli Organi di Polizia.

È anche vero che in moltissime occasioni l'equipaggio si trova a dover intervenire su un evento il cui dispatch iniziale della C.O. 118 risulta essere generico, e dunque all'arrivo sul luogo della richiesta non è facile capire se ci si trova davanti ad un evento criminoso. Risulta altresì molto difficile determinare quali elementi possano essere indicativi del fatto che si sta operando sulla scena di un crimine.

Sono problematiche sempre più frequenti e pur esistendo regole specifiche nelle tecniche investigative e di repertamento, non si può pretendere che un equipaggio possa conoscerle e dunque applicarle. E' pur vero però, che si possono mettere in atto alcune precauzioni in grado di facilitare il lavoro degli investigatori nelle indagini, che non compromettono i protocolli operativi utili per la sopravvivenza del paziente.

Scena del crimine

In linee generali possiamo definirla come il luogo nel quale si è consumato un crimine e lo spazio nel quale gli investigatori possono trovare indizi utili alle indagini.

Quando si parla di scena del crimine l'equazione che viene subito alla mente è quella del delitto e quindi l'omicidio. In realtà la scena del crimine potrebbe essere anche quella di un incidente stradale e per delitto s'intende un grave reato al Codice Penale, per cui è prevista una pena specifica.

Pertanto, sulla scena del crimine (di soccorso) è fondamentale cercare di mettere a fuoco tutti quei segnali che possono ingenerare anche il minino sospetto sul fatto che ci sia stato un evento criminoso. È un compito non sempre facile, ma spesso una osservazione scrupolosa può essere d'aiuto, mentre in altri casi può aiutare la conoscenza di un dato territorio, perché ad esempio più volte si è intervenuti in una zona conosciuta come più altamente soggetta a eventi crimininosi.

Nel momento in cui si entra "a far parte" della scena è importante valutare ogni singola azione, nell'incidente stradale, ad esempio, può essere importantissimo sapere se la freccia era spostata, se marcia era ingranata etc., per cui è opportuno fare attenzione a non modificare lo stato dei luoghi. Molti oggetti, infatti, apparentemente insignificanti, possono essere di importanza fondamentale per le indagini di Polizia.

Qualora trovassimo delle armi, queste non vanno mai per nessun motivo spostate, manipolate, scaricate e controllate. Nel caso in cui sia assolutamente necessario farlo occorre prestare la massima attenzione, sia per la sicurezza, che per evitare di compromettere eventuali tracce.

Per quanto riguarda le manovre da compiere sul paziente un equipaggio ben addestrato, anche quando vi è la necessità di un intervento rianimatorio "*pesante*", può ridurre davvero al minimo l'inquinamento delle prove, sia sulla vittima che nell'ambiente circostante. Logicamente in presenza di segni incompatibili con la vita, sarà necessario evitare ogni inutile manovra con il fine di non contaminare ulteriormente la scena.

Può risultare utile effettuare foto/video della scena non appena si giunge sul luogo dell'evento, con il solo scopo di poterle poi mostrare alle Forze dell'Ordine e/o a richiesta dell'Autorità Giudiziaria.

Altro punto di estrema importanza è quello di documentare tutto ciò che si è fatto, queste annotazioni saranno la sola fonte di informazione nel caso di chiamata a testimoniare, spesso dopo mesi o anni dall'episodio.

Utile ricordare che il personale di Pubblica Sicurezza non dovrebbe mai essere coinvolto nell'azione sanitaria, perché potrebbero essere distolti dal loro compito che è quello di garantire l'incolumità dei presenti.

Analisi schematica

Si elencano una serie di comportamenti da attuare nei casi su indicati, ma doverosamente si specifica che, trattandosi di materia decisamente vasta e peculiare, <u>si tratta solo di alcuni esempi</u> che possono comunque aiutare il soccorritore.

Scena del crimine con evento ancora in atto.

È questo il caso in cui all'interno della scena del crimine si rileva ancora la presenza dell'autore/autori del crimine e/o altri astanti (es. ostaggi), nonché altri pericoli legati all'ambiente.

In questo caso occorre necessariamente ritardare ogni tipo di intervento, fino a che le forze di Polizia non hanno messo in sicurezza la zona.

Scena del crimine con evento terminato.

In questa situazione occorre sempre e comunque attivare tutte le cautele possibili ed immaginabili, poiché può esserci sempre il pericolo ambientale. L'obbiettivo per il soccorritore è duplice:

intervenire sul paziente e cercare, per quanto possibile, preservare le eventuali prove.

Scena del crimine non riconosciuta.

In questo caso, e/o nel dubbio in cui ci si possa trovare in questa circostanza, occorre dare massima importanza a tutti quei segnali che possono ingenerare sospetti su quanto realmente accaduto.

Procedure operative
Elementi che aiutano nell'individuare una possibile scena del crimine:
- Presenza di armi da fuoco e/o armi bianche.
- Disordine eccessivo o comunque non compatibile con l'ambiente nel quale si interviene.
- Evento riferibile all'uso/abuso di alcolici o sostanze stupefacenti.
- Postura della vittima incompatibile con la presumibile causa della lesione/i.
- Presenza di sangue sui muri, sulle maniglie, porte etc.
- Disordine eccessivo con segni di colluttazione (suppellettili rotte, arredamento spostato, vetri in frantumi etc.).
- Testimoni che riferiscono rumori compatibili con una lite.

Nell'avvicinarsi alla scena occorre scegliere la direzione:
- Ritenuta più sicura.
- Che permetta a tutti i soccorritori di seguire un percorso unico, con il fine di preservare, il più possibile, eventuali tracce.
- Che può garantire un accettabile avvicinamento alla vittima.
- Che inquinerà la scena il meno possibile.
- Che assicuri una facile via di fuga.

Sulla scena occorre:
- Evitare di calpestare macchie di sangue, bossoli, impronte e ogni altro oggetto.
- Evitare di calpestare residui organici, biologici etc. per evitare di contaminarli e lasciare impronte sul pavimento o comunque per terra.
- Non spostare e/o toccare mobili, suppellettili, arredamento, oggetto etc., sempreché non occorra farlo per dare inizio alle manovre sul paziente.
- È opportuno, prima di effettuare qualsiasi operazione, osservare e memorizzare lo stato dei luoghi già al momento del nostro arrivo. Se necessario occorre annotare e fare delle fotografie con il solo scopo di fornirle alle Forze di Polizia impegnate nelle indagini.
- Annotare la posizione iniziale del paziente e tutte le manovre eseguite sullo stesso che ne abbiano modificato la postura.
- Annotare la presenza eventuali farmaci presenti sulla scena.
- Qualora si accerti la presenza di fascette di plastica, corde, lacci, nastro da elettricista etc. non vanno toccati e/o rimosse, sempreché non sia necessario per intervenire sul paziente. In quest'ultima ipotesi, oltre a fare delle fotografie prima di procedere, occorre mantenere il nodo il più possibile integro senza scioglierlo, e/o nel caso si debba allentare per poi recidere la corda, questa va tagliata lontano dallo stesso.
- Evitare che curiosi possano avvicinarsi alla scena e controllare la presenza di persone non titolate al soccorso.
- Chiedere ad eventuali persone presenti se prima del vostro arrivo qualcuno ha spostato il paziente e/o altri oggetti.

- Se ci sono armi delle armi, queste non vanno mai per nessun motivo spostate, manipolate, scaricate e controllate. Nel caso in cui sia assolutamente necessario farlo occorre prenderle dove è presente una zigrinatura, nelle pistole generalmente sul calcio (impugnatura). Non infilare mai oggetti nella canna.

Sul paziente:
- Nei limiti del possibile, compatibilmente con le necessità di soccorso, spostare il paziente solo per attuare manovre salvavita indispensabili.
- Nella verifica dell'ABC, evitare di tagliare gli indumenti e qualora necessario, farlo distante dai punti dove sono evidenti fori di proiettile o ferite da coltello.
- Conservare singolarmente gli indumenti dalla vittima, qualora rimossi.
- Prestare attenzione alla presenza di formazioni pilifere (capelli o peli) eventualmente presenti sugli indumenti.
- Evitare di lavare e/o pulire residui organici, soprattutto dalle mani e unghie del paziente.
- Valutare con particolare attenzione e rapportare ogni tipo di lesione dubbia circa la sua origine.
- Evitare di lasciare sulla scena i rifiuti sanitari prodotti durante il soccorso.

Casi particolari

Ossigenoterapia

L'ossigeno è un farmaco e pertanto per la sua somministrazione necessita di prescrizione medica. Questa affermazione sostenuta in un'altra nazione basterebbe di per sé a chiarire la questione e chiudere ogni tipo di disquisizione, ma qui da noi le cose sono molto diverse. Si è avuto modo di accennare ad alcune *"italianità"* che permettono o limitano alcuni comportamenti, in questo caso occorre procedere effettuando alcuni distinguo che muovono il loro ragionamento sulla base dello status rivestito dal soccorritore.

Soccorritore in turno 118

Non è prevista alcuna discrezionalità.

Il soccorritore che svolge servizio nel sistema 118, non può somministrare ossigeno tranne che:

- L'operatore della C.O. 118 ne abbia autorizzato l'utilizzo.
- Il protocollo operativo/linee guida ne prescrivano l'utilizzo (es. PTC – BLSD).
- Sul luogo dell'evento è presente un medico che prescrive l'ossigeno.

Come già accennato in precedenza predetto medico deve comunque interagire con la C.O.118, così da evitare pericolose sovrapposizioni e/o comunque la violazione di protocolli del sistema di urgenza-emergenza a lui sconosciuti.

Soccorritore non in turno 118.

Paradossalmente in questo caso, qualora si renda necessario somministrare ossigeno e sempreché ne ricorrano le condizioni, si può invocare lo *stato di necessità*[78]. Sarà poi cura del soccorritore contattare il 118 al fine di farsi assistere nelle fasi dell'intervento e per richiedere un soccorso qualificato.

Soccorritori Salvamento (Bagnini – Istruttori Subacquei etc.)

Sono gli unici soccorritori (personale non medico) che possono somministrare ossigeno senza incorrere in violazioni di legge[79]. Tale licenza trova legittimazione in una circolare esplicativa del

---

[78] *Art. 54 Codice Penale.*

[79] *Art. 348 Codice Penale - Esercizio abusivo di una professione.*

Ministero della Salute[80], che illustra i requisiti previsti:

- Il soccorritore (bagnino- istruttore subacqueo – capitani delle barche che accompagnano sub etc.), siano stabilmente presente nei luoghi dove esistono rischi che richiedano, se emergenti, la somministrazione di ossigeno.
- Il soccorritore (bagnino- istruttore subacqueo – capitani delle barche che accompagnano sub etc.), sia addestrato al primo soccorso e participi ad un corso di ossigenoterapia.
- Durante il soccorso deve essere utilizzato un saturimetro arterioso per monitorare il paziente.

Glicemia – misurazione

È una *manovra invasiva* e pertanto risulta essere una prerogativa del solo personale sanitario.

Per i soccorritori[81] in sistema 118, vale quanto indicato nei paragrafi precedenti, ovvero che qualora necessiti una misurazione glicemica, ci si deve rapportare con la C.O.118 per ricevere istruzioni in merito. Quest'ultima, qualora ne ricorrano le condizioni, generalmente dispone ed autorizza la misurazione rifacendosi (erroneamente) al già citato *Atto Medico Delegato.* Volendo essere particolarmente rigorosi, si potrebbe affermare che un soccorritore in sistema 118 non potrebbe mai effettuare la misurazione in questione, neanche citando a propria scusante lo *stato di necessità.* Tale scriminante non ha valore poiché il pericolo è evitabile in altro modo lecito, ovvero attendendo l'arrivo di una ambulanza medicalizzata.

---

[80] *Circolare Ministero Salute prot. n.18981-P-20 del 20.03.2012.*
[81] *Si parla sempre e solo di soccorritori laici.*

Nello specifico infatti per il soccorritore, <u>volendo fare un ragionamento volutamente provocatorio</u>, poco cambia che il paziente abbia un tasso glicemico basso (ad esempio di 30 anziché di 40), perché in ogni caso non può eseguire alcun trattamento farmacologico. È senz'altro un limite giuridico e sul quale si potrebbe disquisire a lungo sulla opportunità o meno di estendere il raggio di azione dei soccorritori, ma è pur sempre un limite esistente e va rispettato.

Alcune Regioni hanno già emanato dei protocolli operativi che permettono di superare alcuni (solo alcuni) di questi limiti, ma il percorso è ancora molto lungo. La Regione Sardegna pur non avendo promulgato niente in proposito, ha di fatto risolto il "problema" in maniera molto semplice: non ha previsto il Glucometro a bordo delle ambulanze di base!

Nell'allegato 3 della Delibera Regionale n.9/35 datata 22.02.2019: *"Standard di attrezzature e materiale di consumo delle ambulanze per il soccorso sanitario di primo soccorso o soccorso di base"*, <u>non è previsto il glucometro</u>, pertanto il soccorritore è esulato da compiere questo tipo di misurazione.

Interessante notare come invece sia previsto il fonendoscopio, che in una ambulanza di base potrebbe essere utile, qualora si potesse, solo per l'auscultazione (atto medico) e non anche in aiuto per la misurazione manuale della pressione: la delibera infatti prevede solo la presenza dello sfigmomanometro digitale e non quello manuale.

Rimozione presidi

Anche in questo caso si tratta di un problema particolarmente diffuso che crea non pochi "disagi" interpretativi, sia in termini pratici che di ragionamento.

Come ben sappiamo i presidi di utilizzati in ambito extra-ospedaliero sono perlopiù riferibili al trauma, e pertanto il loro impiego cautelativo attiene alla assoluta incertezza circa le reali condizioni del paziente. Queste ultime possono essere meglio valutate escludendo quindi l'assenza di lesioni con o senza l'aiuto di esami radiologici.

Il soccorritore quindi, non potendo fare alcun tipo di valutazione medica (es. palpazione della linea mediana posteriore della colonna cervicale) e meno che mai una radiografia, ha il solo compito di preservare il paziente attraverso presidi idonei.

A questo si aggiunga il fattore "energia", ovvero quella che riceve il paziente durante la fase di rimozione de presidio, capace di incidere in maniera negativa sulle già compromesse condizioni fisiche.

Le motivazioni per toglierlo, dunque, devono essere strettamente necessarie, come ad esempio nel caso di un rischio evolutivo per il paziente, non altrimenti differibile (es. manovre rianimatorie). Occorre ricordare che la rimozione del presidio va eseguita da personale qualificato.

Ne consegue che solo gli operatori sanitari (medico/infermiere) possono decidere di rimuovere i presidi, stante la loro capacità di valutazione e l'utilizzo di specifici strumenti diagnostici.

Se poi tale adempimento viene chiesto ai soccorritori, e non ricorrono le condizioni su indicate, questi possono rifiutarsi. Qualora invece decidessero di dare luogo a quanto chiesto, risulterà importante che la disposizione in questione sia stata sentita e/o portata a conoscenza anche agli altri soccorritori componenti l'equipaggio.

Cenni finali

Come accennato in premessa la materia in esame è decisamente particolare e complessa. La difficoltà maggiore, tuttavia, consiste nel far comprendere a tutte le figure coinvolte nel soccorso l'importanza di conoscere le normative di base, che attengono alla propria attività quotidiana.

Il soccorso si può facilmente scindere in tre branche, ovvero quello prettamente medico che attiene quindi alle problematiche psico-fisiche del paziente e alla diagnostica; quello tecnico che è legato essenzialmente alla gestione, alla tecnica ed all'utilizzo dei presidi; infine quello giuridico, quanto cioè trattato in questo lavoro.

Quest'ultima materia, e dunque tutte le normative cui attiene, vengono molto spesso disattese soprattutto da alcuni operatori sanitari. Le motivazioni sono molteplici, ma spesso si rifanno alla errata convinzione che una preparazione professionale in ambito medico-infermieristico risulti essere permissiva di comportamenti, alcune volte, non proprio in linea con quando dettato dal disposto normativo.

Nel caso specifico dei soccorritori di cui si è argomentato nella presente disamina, occorre loro ricordare che la responsabilità penale è personale e che nessuno può loro autorizzare comportamenti illeciti. Logicamente fermo restando casi specifici e singoli, che di volta in volta vanno analizzati.

Pertanto, il soccorritore nella sua azione quotidiana, dovrà necessariamente valutare il grado di legittimità di ogni comportamento. Tale controllo ha ancora più valore e necessità quando si riceve una prescrizione, prescindendo dalla figura di chi la genera.

Per fare un esempio molto pratico: nessun operatore di Centrale Operativa 118 (medico/infermiere), potrà mai autorizzare/imporre al soccorritore di traportare, a bordo dell'ambulanza, un bambino in braccio alla madre.

Sono argomenti con cui il soccorritore si trova a dover convivere ogni giorno e per i quali difficilmente (purtroppo!) si possiede una preparazione adeguata. Troppo spesso la formazione, anche in ambito giuridico, viene relegata e liquidata con poche nozioni di "tramando", senza mai approfondire concretamente la materia.

In conclusione, non occorre mai dimenticare che un contributo pratico e importante viene dagli operatori della C.O.118, che nei casi dubbi aiutano il soccorritore a gestire al meglio la situazione.

Infine, un ulteriore aiuto può arrivare da una materia che non si studia neanche nelle più prestigiose università, ma che negli anni si perfeziona fino a diventare la più importante nel patrimonio di un soccorritore: il buon senso.

Indice

Bibliografia

- *La figura del soccorritore in Italia: le rilevanti responsabilità di chi è senza status.* Telesca Emanuele (2011).
- *Quesiti sul Decreto 81/08: la Sicurezza dei volontari.* Gerardo Porreca (2011).
- *Norme di comportamento degli Operatori Sanitari sulla scena del Crimine.* Pavone Michel (2010).
- *La responsabilità penale e civile del medico.* Mauro e Francesco Bilancetti, (2010), ed. Cedam
- *La responsabilità medica. Le responsabilità contrattuali ed extracontrattuali, per colpa ed oggettive, del medico e degli enti sanitari (privati e pubblici).* Ugo Ruffolo, (2004), ed. Giuffre'.
- *Le normative sul volontariato".* Giorgio Groppo, (2004), ed. EPC Libri.
- *La responsabilità medico sanitaria: evoluzione e casi particolari.* Cristina Ageno (2010).
- *Linee guida, protocolli e regole deontologiche. Le modifiche introdotte dal c.d. decreto Balduzzi.* Brusco C. Diritto Penale Contemporaneo (2013).
- *Manuale di diritto penale. Parte generale.* Marinucci G. e Dolcini E. (2012).
- *Manuale teorico-culturale presidi classe medica1.* A. Stecchezzini- F. Carta – Rescue Education (2019).